KB200370

나는
하나님의 2
가능성이고싶다

나는
하나님의 2
가능성이고싶다

지은이 | 조현영
초판 발행 | 2011년 12월 19일
12쇄 발행 | 2017. 9. 5.
등록번호 | 제3-203호
등록된 곳 | 서울특별시 용산구 서빙고동 95번지
발행처 | 사단법인 두란노서원
영업부 | 2078-3333   FAX 080-749-3705
출판부 | 2078-3477

책 값은 뒤표지에 있습니다.
ISBN 978-89-531-1690-0 03230

편집부에서 독자의 의견을 기다립니다.
tpress@duranno.com   http://www.Duranno.com

나는
하나님의 2
가능성이고싶다

조현영
지음

Contents

Part1
회개
나의 삶을 뒤집으신 하나님

Part 2
사명
너는 일본으로 가라

Part 3
도전
여호수아 세대여 일어나라

주여
나를 떠나소서
나는 죄인이로소이다
(눅 5:8)

몇 년 전, 어느 교회의 초대를 받아 하나님의 말씀을 전
할 기회가 있었다. 막상 강단에 선 나는 차마 고개를 들 수
가 없었다. 당시 죄의 사슬에 묶여 있던 내가 사람들 앞에서
하나님의 말씀을 전한다는 사실이 부끄럽고 가증스러웠기
때문이다. 그냥 어디론가 사라져 버리고 싶은 마음뿐이었다.
그렇게 나는 한동안 아무 말도 하지 못한 채 강단에 서서 한
참을 울었다.

　　처음 이번 책의 출간 제의를 받았을 때 나는 선뜻 받아들
일 수가 없었다. 하나님을 잘 알지 못했을 때는 내 의지대로
책을 썼지만 시간이 지날수록 내가 과연 책을 낼 만큼 떳떳

하거나 하나님께서 원하시는 삶을 살았는지에 대한 의구심이 들었기 때문이다. 내가 감히 위대하신 하나님에 대한 글을 쓸 수 있을까 하는 두려움도 들었다. 그때부터 나는 마음을 비우고 반 년 가까이 기도로써 하나님의 온전하신 뜻을 구했다. 하나님께서는 결국 내가 이 책을 쓸 수 있도록 평온한 마음을 주시며 인도해 주셨다.

이번 책을 쓰기 시작하며 참 많은 눈물을 흘렸다. 지난 날 하나님을 알면서도 죄를 지으며 지내왔던 날들이 주마등처럼 떠올라 울었고, 그럼에도 불구하고 한없는 은혜로 나를 붙들어 주신 주님의 사랑에 감격하여 울었다. 나는 내가 얼마나 흠이 많은 사람인지 잘 알고 있다. 그렇기에 내게 주시는 하나님의 무한한 사랑과 은혜에 더욱 감사할 수밖에 없다. 하지만 인간의 연약함 때문인지 글을 써 내려가며 어느새 나를 미화시키고 있는 내 자신에 섬뜩 놀랄 때가 있었음을 고백한다. 그렇기에 더욱 두렵고 떨리는 마음으로 이번 책을 쓸 수밖에 없었다.

책을 쓰는 내내 오직 하나님이 주시는 지혜와 영감으로 쓰고자 간절히 기도했다. 감사하게도 하나님은 내게 지혜를 부어 주셨고 내가 알지 못했던 많은 영적인 비밀들을 알게 하셨다. 그래서인지 몰라도 이번 책을 마무리하며 '이것은 내가 쓴 것이 아니다'라는 생각이 강하게 들었다. 그렇다. 바로 성령님이 처음부터 끝까지 나의 손을 붙드셨던 것이다.

한국은 지금 모세의 시대를 지나 여호수아 시대에 돌입하고 있다. 하나님은 한국의 그리스도인 젊은이들에게 여호수아의 기름부음을 부으실 것이다. 그렇기 때문에 우리는 지금 위치한 곳에서 빛을 발하며 하나님께 영광 올려드리고 믿지 않는 자들에게 복음을 전해야 한다.

이번 책을 쓰는 데 있어 부족한 나를 믿고 지원을 아끼지 않은 두란노서원 관계자들과 내 지식의 한계를 뛰어넘게 도와주신 김무정 님, 이영미 님께 감사드린다. 더불어 기도로써 끝까지 동참해 준 나의 신앙의 멘토이신 어머니와 가족, 그리고 기도 동역자들께 깊은 감사의 마음을 전하고 싶다. 마지막으로 이 책이 부디 하나님을 기쁘게 하고 책을 읽는 사람들에게 하나님의 뜻을 밝혀 주는 도구가 되기를 기도한다.

하나님의 놀라운 은혜를 기억하며…

조현영

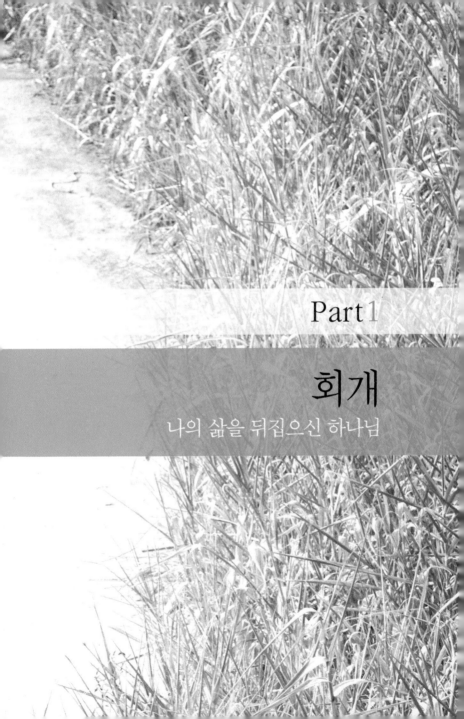

Part 1

회개

나의 삶을 뒤집으신 하나님

모든 것을
내려놓아라!

여호와께서 이르시되 네 아들 네 사랑하는 독자 이삭을

데리고 모리아 땅으로 가서 내가 네게 일러 준 한 산 거

기서 그를 번제로 드리라 (창 22:2)

2007년 10월 어느날, 분주한 하루를 보내고 집으로 돌아와

일찍 잠을 청했다. 눈을 감은 지 몇 분이나 흘렀을까. 갑자기

휴대폰 소리가 요란하게 울렸다. 잠귀가 밝은 터라 보통 잠들기 전에 휴대폰을 꺼 놓는데 이날은 곧장 침대에 쓰러지는 바람에 미처 꺼두지 못했다. 잠시만 참으면 끊어지겠지 싶어 그냥 이불로 귀를 틀어막았지만 벨소리는 그칠 줄 모르고 시끄럽게 울려댔다. 나는 겨우 손을 뻗어 전화를 받았다.

"여보세요?"

"현영아, 은영 누나야. 너 내일 시간 있니? 너를 급히 봐야 할 일이 있어."

교회에서 오랜 시간 함께 성경공부를 하며 친해진 은영 누나였다. 늦은 밤, 오랜만에 전화해서는 다급한 목소리로 다짜고짜 만나자고 하니 무슨 급한 일인가 싶어 궁금했지만 그보다는 피곤함이 먼저였기에 알았다고 대답하고는 이내 다시 잠을 청했다.

다음 날 저녁, 항상 생글생글 웃던 은영 누나의 표정은 유난히 어두워 보였다. 간단히 인사를 나누었지만 무슨 큰일이라도 일어날 것만 같은 누나의 어두운 표정 때문에 눈치를 보며 누나가 먼저 말을 꺼내기를 기다렸다. 잠깐의 어색한 침묵이 흐르고 난 후 누나는 조심스럽게 말문을 열었다.

"저… 현영아, 내가 하는 말이 어떻게 들릴지 모르겠지만 있는 그대로 들어줬으면 좋겠어."

누나는 호흡을 가다듬으며 천천히 말을 이어 갔다.

"얼마 전부터 기도를 하는 중에 하나님께서 내게 뚜렷하게 하신 말씀이 있어. 그 말씀은 너무 놀랍고 엄청나서 내가들은 음성이 사실인지 아닌지 몇 번이고 의심했지. 그런데 기도할 때마다 똑같은 말씀을 계속하시니 더 이상 부인할 수가 없어. 있지… 그 말씀은 바로 현영이 너에 관한 내용이란다."

놀란 나는 귀를 쫑긋 세웠다.

"현영아, 하나님께서는 지금 이 순간부터 너의 삶을 완전히 붙잡으실 거라고 하셨어. 그렇기 때문에 너는 더 이상 네의지가 아니라 온전히 하나님의 뜻에 따른 삶을 살아야 해."

"네? 하나님의 뜻을 따르기 위해 제가 무엇을 어떻게 해야하죠?"

"가장 먼저, 하나님께서는 지금 네가 하고 있는 일들을 당장 내려놓길 원한다고 하셨어. 모두 다 말이야."

머리를 망치로 '쾅' 하고 세게 맞은 기분이었다. 갑자기 아무 소리도 들리지 않고 당황스러워 어떤 말도 할 수가 없었다. 그저 알 수 없는 힘이 나를 꽉 움켜쥐고 있는 것만 같았다.

누나는 이런 반응을 예상했다는 듯이 위로의 눈빛으로 나를 바라보며 하나님의 음성을 통해 들었던 내용을 차근차근 말하기 시작했다. 그중에는 내가 과거에 지은 잘못은 물론이고 하나님과 나 외에는 결코 알 수 없는 비밀들까지 포함되어 있었다. 도저히 믿을 수 없는 말들이 누나의 입을 통해 흘러나왔다. 이제는 심장이 쿵쾅거리다 못해 물컵을 잡고 있던 손이 덜덜덜 떨리기까지 했다. 그저 이 모든 상황이 꿈이길 바랐다.

"이런 말을 듣는 너도 힘들겠지만, 이런 말을 하는 나도 무척이나 당황스러워. 하나님께서 왜 하필 나에게 이런 일들을 알게 하셨는지, 그리고 왜 너에게 전하라고 하셨는지 모르겠어. 난 단지 널 위해 중보기도만 했을 뿐인데…"

나는 이내 고개를 떨구었다. 질끈 감은 눈앞으로 지난날들이 파노라마처럼 지나갔다. 대학 졸업 후 한국에 돌아와 《나는 한국의 가능성이고 싶다》라는 유학 에세이를 발간하였고, 그 책은 단기간에 베스트셀러가 되며 큰 성공을 거두었다. 덕분에 방송 출연은 물론 전국을 돌아다니며 강연을 하고 교회에서 간증을 하기도 했다.

어느 곳을 가든지 나를 알아보고 말을 건네는 사람들이 있었고 분에 넘치는 대접을 받았다. 더욱이 당시는 두 번째 책인 《나는 하나님의 가능성이고 싶다》가 발간된 직후였기에 책 홍보를 위해 나는 전국을 돌아다니며 눈코 뜰 새 없이 바쁜 나날을 보내고 있었다.

이때부터였을까? 나는, 나도 모르는 사이 소위 '스타병'에 걸린 사람처럼 행동하기 시작했다. 더욱이 바쁘다는 이유로 하나님과 교제하는 시간도 잊은 채 서서히 교만의 늪에 빠져갔다. 하나님을 갈급해하던 모습은 온데간데없이 사라지고 세상이 주는 영광에 심취되어 하나님을 조금씩 멀리하고 있었던 것이다.

하나님은 이렇게 변해 버린 내 모습에 실망하시고는 더 이상 내버려두면 안 되겠다 싶으신 모양이었다. 사실 그로부터 며칠 전, 어머니도 점점 자만에 빠져 가는 내 모습이 걱정되셨는지 은영 누나와 비슷한 말씀을 하셨었다. 그땐 그냥 지나가는 소리겠거니 싶어 귀 기울여 듣지 않았는데 은영 누나를 통해 같은 말을 또 한 번 듣고 나니 이번엔 그냥 넘길 수가 없었다. 나는 심호흡으로 놀란 마음을 진정시키고 은영 누나에게 말했다.

"누나, 얼마 전 저희 어머니도 누나와 비슷한 말씀을 하셨어요. 제가 책을 발간하고 바빠지면서 예전처럼 하나님의 은혜를 간구하지 않는다고요. 그땐 어머니 말씀을 흘려듣고 별로 신경 쓰지 않았는데, 이렇게 누나 이야기를 들으니 제가 얼마나 교만해졌는지 알 것 같아요. 이런 모습으로 어떻게 그동안 교회에서 간증을 해왔는지… 너무 부끄럽네요."

"현영아, 너무 자책하지는 마. 요즘 대부분의 교회는 사랑의 하나님, 은혜의 하나님만 전하기 때문에 성도들은 하나님께서 모든 죄를 용서해 주실 것이라 믿고 신앙생활을 자기 맘대로, 그리고 쉽게 하려고만 해. 하지만 하나님은 공의의 하나님이시며 심판의 하나님이시란다. 우리가 교만에 빠지거나 그분의 뜻에 어긋나는 삶을 살 때 심판하신다는 것을 잊지 말아야 해."

이전까지 나는 모태신앙인으로서 괜찮은 신앙생활을 한다고 자부해 왔지만 은영 누나의 말을 들으며 실제로는 신앙마저도 남에게 보이는 것을 중시하고 교만에 빠져 살고 있었다는 것을 알게 되었다. 나는 점점 세속적으로 변해가며 세상과 타협해 갔지만 이런 내 모습을 하나님께서 눈감아 주실 것이라 생각하고 하나님도 이해하실 거라 착각했다. 믿음과 현실 사이의 벽이 높다고만 생각할 뿐 그렇기 때문에 더욱 제대로 살아야 한다고 깨닫지는 못했다. 그런 내가 너무 한심스러웠다.

"현영아, 넌 구원의 확신이 있니?"

"……."

은영 누나의 갑작스런 질문에 순간 말문이 막혔다. 지금껏 하나님의 기적을 체험하며 살았으면서 선뜻 대답할 수가 없다니! 바로 그때, 마음속에 두려움이 생기더니 검은 그림자가 내 몸을 에워싸는 것만 같았다. 만약 내가 지금 이 자리에서 갑자기 죽게 된다면 행여 지옥에 가는 것은 아닐까 하는 엉뚱한 생각마저 들었다.

"누나, 저 이제 어떡하면 좋죠? 어떻게 해야 할까요?"

나는 지푸라기라도 잡는 심정으로 누나에게 물었다.

"현영아, 가장 먼저 얼마 전에 발간된 책을 내려놓아야 할 것 같아. 이건 하나님께서 직접 하신 말씀이야."

"네? 그게 무슨 말씀이신지… 혹시 지난주에 발간된《나는 하나님의 가능성이고 싶다》를 절판하란 말씀인가요?"

"응, 하나님께서는 네 스스로 그 책을 절판하길 원하셔."

눈앞이 캄캄했다. 이 책은 지난 수개월 동안 인고의 시간을 거쳐 탄생한 내 자식과도 같은 존재였다. 더욱이 하나님의 은혜로 성장한 내가 사람들에게 조금이나마 하나님의 은혜를 전하기 위해 쓴 신앙 간증책인데 그 책을 왜 내려놓아야 하는

지 이해할 수 없었다. 그렇다고 하나님의 말씀에 불순종할 수 도 없었다. 잠시 후 누나는 나를 위해 중보기도 하겠다는 말을 남긴 채 자리를 떠났다.

주님께서 말씀하시면
따를게요

사도들이 주께 여짜오되 우리에게 믿음을 더하소서 하

니 (눅 17:5)

"현영아, 밖에서 무슨 일 있었니?"

어두운 표정으로 현관에 들어서는 아들이 걱정되었는지

어머니가 물으셨다. 나는 어머니에게 은영 누나로부터 들은 이야기를 말씀드렸다. 나처럼 놀라 당황하실 줄 알았는데 어머니는 의외로 담담하신 것 같았다.

"현영아, 하나님께서 너를 정금처럼 사용하시기 위해 이런 시험을 주시는 것 같구나. 어떤 결정을 내리든 하나님과 너의 인격적인 만남이 중요하니 하나님께 기도하렴. 그리고 네 판단에, 책을 절판하고 네가 하고 있는 활동들을 내려놓는 것이 맞다고 생각되면 믿음으로 하면 좋겠구나."

나의 신앙의 멘토이신 어머니는 나를 위해 중보기도 하겠다면서 서둘러 안방으로 들어가셨다. 내게 생각을 가다듬을 시간을 주시기 위해서였다. 당시 어머니는 신앙 간증집인 《어머니의 기도가 빚어 낸 하나님의 가능성》 원고 작업으로 하루하루 기도와 말씀 묵상을 하던 중이셨다. 나는 곧장 방으로 들어가 무릎을 꿇고 하나님께 기도했다.

"하나님! 왜 저에게 이런 시련을 주시나요? 저는 이 시련을 감당할 만한 믿음도, 용기도 없습니다."

기도를 하면서도 내게 도대체 무슨 일이 벌어지고 있는지 도무지 실감나지 않았다. 할 수만 있다면 이 상황을 회피하고 싶었고 눈을 뜨면 꿈이었구나 하며 안도하기를 바랐다. 그러나 아무리 부인하고 싶어도 내 신앙의 양심이 도망치고 싶은 나를 끈질기게 붙잡았다. 시간이 지체될수록 두려움만 커질 뿐이므로 한시라도 빨리 믿음의 결단을 내려야 했다. 나는 몸을 겨우 추스르고 일어났다.

가장 먼저 해야 할 일은 이제 막 서점에 깔리고 있는 내 책의 판매를 중지하는 일이었다. 하지만 지난 몇 달간의 노력이 고스란히 담겨 있거니와 많은 사람들의 기도와 기대 속에서 탄생한 이 책을 내려놓는 일은 결코 쉽지 않았다. 글을 쓴 나도 나지만 그동안 기획과 출간, 홍보에 이르기까지 물심양면으로 헌신해 준 출판사에는 뭐라고 말해야 할지 난감했다. 아무리 하나님의 명령이라지만 무작정 절판을 요구했을 때, 그에 따르는 금전적 손해는 어떻게 할 것이며 그동안 수고한 출판사 직원들에게 그 미안함을 어떻게 보상할 것인가. 게다가 책이 출간된 지 얼마 안 돼 홍보에 총력을 기울이던 시점인지라 이를 위해 잡아 둔 강연과 간증 스케줄은 어떻게 할 것이며, 각종 방송, 잡지 등의 인터뷰는 또 어떻게 취소한단 말인가. 아무리 생각해도 책을 절판한다는 것은 결코 쉬워 보이지 않았다.

책과 관련된 일 외에 내가 열심을 내던 대외 활동 중 하나는 무료 영어 강습이었다. 조금이나마 사회에 보탬이 되고자 섬김의 마음으로 지난 1년간 꾸준히 해온 일이었고, 새 달을 맞아 새로운 수강생들과 함께 첫 수업을 진행한 터였다.

무료 영어 강습은 원래 사람들에게 도움을 주고자 시작한 일이었지만, 시간이 지날수록 오히려 초롱초롱한 눈망울로 열심히 수업을 듣는 수강생들에게서 내가 더 좋은 영향을 받았다. 어제만 해도 새롭게 개강한 첫 수업에서 수강생들의 기대에 찬 눈빛을 보며 나 역시 한껏 들떠 있었다. 그런데 갑자기 수업을 취소할 것을 생각하니 가슴이 아려왔다. 이것 역시 도저히 내 힘으로는 할 수 없을 것 같았다.

'내가 사랑하는 것들을 내려놓는 일이 이렇게도 힘든 것인가' 생각될 무렵, 나는 그제야 이 모든 것이 나의 강한 자아로부터 시작된 것임을 깨달았다. 그로 인해 나는 언제나 내 마음대로 결정하고 내 주관에 의지해 모든 것을 판단해 버리는 나쁜 습관을 갖게 되었다는 사실도 알게 되었다. 무슨 일을 하든 먼저 하나님께 기도로 여쭙고 행해야 함에도 불구하고 언젠가부터 하나님보다 인간의 방식을 택하기 시작했다. 내 삶의 중심에 나를 올려놓고 세상의 방식을 추구하게 된 것이다. 이렇게 된 결정적인 원인은 내가 더 이상 하나님의 은혜를 사모하지 않게 된 것에 있었다. 하나님의 은혜 대신 세상을 따르게 되면서 내 마음 안의 하나님의 존재가 희미해져간 것이다.

방 한구석에 틀어박혀 꿈쩍 않고 고민에 고민을 거듭했지만 생각할수록 더 깊은 늪으로 빠져들어 가는 것만 같았다. 한시라도 빨리 믿음의 결단을 내려야 한다는 중압감이 나를 짓누르자 다시금 엎드려 하나님께 부르짖었다.

"하나님, 제 힘으론 도저히 할 수 없습니다. 저는 할 수 없어요. 내려놓을 수 없다고요!"

나는 바닥에 얼굴을 파묻은 채 하나님과 씨름하며 할 수 없다는 말만 반복했다.

이 잔을 내게서 지나가게 하옵소서 그러나 나의 원대로 마시옵고 아버지의 원대로 하옵소서 (마 26:39)

순간, 겟세마네 동산에서 땀이 피가 되어 흐르도록 기도하시던 예수님의 모습이 눈앞에 아른거렸다. 나 또한 예수님처럼 하나님을 기쁘시게 하는 아들이 될 수 있다면 얼마나 좋을까. 하나님에 대한 예수님의 충성과 순종이 새삼 내 마음에 감동으로 다가오기 시작했다.

감사하게도 기도를 하면 할수록 나를 사랑하시는 하나님

의 은혜가 느껴지며 이제껏 내가 돌아오기를 간절히 기다리시던 하나님의 마음이 전해지는 듯했다. 나는 다시 엎드렸다.

"주님, 저는 추악한 죄인입니다. 제 안에 사울 왕처럼 교만한 마음이 있습니다. 또한 제 마음속에 많은 우상들을 섬겨 왔습니다. 제가 하나님의 이름을 욕되게 했습니다. 하나님, 용서해 주세요. 저를 용서해 주세요."

가슴속에 쌓였던 응어리가 봇물 터지듯 눈물로 흘러 나왔다. 죄송한 마음에 고개를 들 수조차 없었다. 나는 그렇게 땅바닥에 엎드려 통회자복하며 하나님께 부르짖었다.

시간이 얼마나 흘렀을까? 정신을 차려 보니 날이 밝아 오고 있었다. 창문 틈으로 새어 들어오는 고요한 빛이 내 가슴속을 관통하는 것 같았다. 순간 내 입을 통해 이러한 고백이 흘러나왔다.

"주님, 주님께서 말씀하시면 따를게요. 제가 죽고 사는 것 모두 주님의 손에 달려 있으니 부디 저를 붙들어 주세요. 이젠 모든 것을 내려놓고 오직 주님의 뜻만 따를게요."

나는 그렇게 하나님 앞에 나의 모든 것을 내려놓겠다고 약속했다.

끝내
책을 절판시키다

내 형제들아 만일 사람이 믿음이 있노라 하고 행함이
없으면 무슨 유익이 있으리요 그 믿음이 능히 자기를
구원하겠느냐 (약 2:14)

밤새 꼬박 기도한 끝에 아무리 힘이 들어도 하나님의 뜻을
온전히 따르는 것이 그리스도인의 사명이라는 결론에 이르렀

다. 또한 결단을 넘어 행하는 믿음이야말로 진정 살아 있는 믿음이라고 확신했다. 내가 가진 모든 것을 내려놓기로 마음먹은 후, 아무리 하나님의 영광을 드러내기 위해 쓴 책이라도 만약 그것이 내 마음에 우상으로 자리 잡고 있다면 절판하는 것이 옳다고 생각했다. 나는 곧바로 수화기를 들어 출판사에 전화를 걸었다.

"안녕하세요? 조현영입니다."

"아 네, 현영씨, 그동안 잘 지내셨죠?"

수화기 너머로 지난 수개월간 함께 원고 작업을 해온 편집자의 목소리가 들렸다.

"저…."

"책이 어떻게 되고 있는지 궁금해서 전화하셨죠? 현영씨 기대에 부응하기 위해 저희도 책 홍보에 힘을 쏟는 중이니 걱정 마세요. 책도 전국 서점으로 배포되고 있는 중이랍니다. 하하."

편집자의 밝은 목소리를 들으니 책을 절판해 달라는 말을 차마 할 수 없을 것 같았다. 하지만 잠깐의 머뭇거림 뒤에 두 눈을 질끈 감고 천천히 입을 열었다.

"편집자님… 죄송합니다, 정말 죄송합니다."

"네? 갑자기 죄송하다니요. 무슨 말씀인가요?"

"실은… 제 개인 사정 때문에 그러는데 책을 절판했으면 합니다."

"네? 방금 뭐라고 하셨나요? 절판이라니요! 제가 지금 잘못 들은 거 맞죠?"

"아닙니다. 자세히 설명드릴 수 없어 정말 죄송하지만 꼭 절판해야 합니다. 앞으로 있을 모든 홍보 활동도 중단해 주세요. 부디 부탁드립니다."

통화하는 내내 입술이 파르르 떨렸다. 나는 더 이상 말을 이어 갈 용기가 나지 않아 다시 한 번 죄송하다는 말씀을 드린 후 떨리는 손으로 수화기를 내려놓았다. 통화를 끝낸 후에도 쿵쾅거리는 마음을 주체할 수 없어 결국 주저앉고 말았다. 그동안 나를 믿고 고생해 준 편집자에게 너무나 미안해서 가슴이 미어졌다. 순간 믿음의 조상인 아브라함이 뇌리를 스쳤다.

'자신이 그토록 사랑하던 아들 이삭을 번제로 드려야 했던 아브라함도 나와 비슷한 마음이었을까?'

물론 책을 절판하는 것이 어찌 아들을 죽이는 것과 비교될 수 있겠나마는 그 순간 아브라함의 고통이 작게나마 느껴지는 듯했다. 눈에 넣어도 아프지 않을 아들을 칼로 죽이고 각을 떠서 불에 태운다는 것은 그 누구도 상상할 수 없는 일이다. 그러나 아브라함은 하나님을 온 맘 다해 신뢰하며 그분의 말씀을 따랐다. 아브라함이야말로 진정한 믿음의 조상이라는 사실을 절실히 깨닫는 순간이었다.

> 네가 보거니와 믿음이 그의 행함과 함께 일하고 행함으로 믿음이 온전하게 되었느니라 (약 2:22)

다시 한 번 심호흡을 하고 수화기를 들었다. 달력에 기록해 둔 강연, 방송 일정, 신문사 인터뷰 스케줄 등을 하나하나 꼼꼼히 확인하며 담당자들에게 전화를 걸었다.

"죄송합니다. 죄송합니다. 죄송합니다…."

몇 번이고 죄송하다는 말을 반복하며 수화기를 내려놓을 때마다 마치 살을 도려내는 것과 같은 아픔을 느꼈다. 더불어 50여 명의 무료 영어 강습 수강생들에게도 전체 이메일을 보내 수업 취소 통보를 했다. 나는 분명 인간으로서 대단히 무책임한 일을 한 것이 틀림없었다. 당시 내가 할 수 있는 일은 오로지 기도뿐이었다.

"하나님, 저로 인해 피해를 입은 사람들을 위로해 주세요.

이 모든 것이 제 잘못입니다."

　나는 그 자리에 털썩 주저앉아 가슴을 치며 지난날의 잘못들을 회개했다. 많은 사람들에게 죄송하고 미안했지만, 한편으론 하나님의 뜻에 순종했다는 사실에 안도의 한숨을 내쉬었다.

　나는 그때 난생처음 내가 지금 숨 쉬고 있다는 사실이 신기하게 느껴졌다. 나와 같은 죄인을 버리지 않으신 하나님의 은혜와 자비에 감사할 따름이었다.

나는 과연
구원받았는가?

나더러 주여 주여 하는 자마다 다 천국에 들어갈 것이

아니요 다만 하늘에 계신 내 아버지의 뜻대로 행하는

자라야 들어가리라 (마 7:21)

끝나지 않을 것만 같던 어둠의 시간 동안 마음속 깊이 들

었던 의문은 다름 아닌 '내가 진정 구원을 받았는가?'였다. 하

나님의 말씀에 순종하여 많은 것을 내려놓긴 했지만 이번 일을 통해 내가 알고 지은 죄, 모르고 지은 죄들이 너무도 많다는 사실을 깨닫게 되었다. 하나님의 뜻대로 살지 못한 내가 죽어서 행여 지옥에는 가지 않을까 의구심까지 들었다.

하나님의 은혜를 갈구하던 나는 지푸라기라도 잡는 심정으로 한 부흥집회에 참석했다. 집회가 끝나고 목사님과 전도사님들이 성도들을 위해 직접 기도해 주시는 시간이 마련되었다. 나는 다급한 마음에 다른 성도들과 함께 줄을 서서 기다렸고 내 차례가 되어 한 전도사님과 마주 앉았다.

"전도사님, 저는 모태신앙인으로서 지금껏 신실하게 신앙생활을 해왔다고 생각했습니다. 그런데 요즘 들어 하나님의 뜻대로 살지 못한 때가 많았다는 것을 깨닫고 구원의 확신이 들지 않아 두렵습니다. 저를 좀 도와주세요."

전도사님은 나의 솔직한 고백을 듣고 다소 놀란 기색이었지만 이내 내 손을 살포시 잡으며 힘주어 말씀하셨다.

"형제님, 예수님께서 형제님의 죄 때문에 십자가에 피 흘려 돌아가셨음을 믿으시나요?"

순간 눈앞에 십자가에서 죽음을 맞으면서까지 나를 사랑하신 예수님이 보이는 듯했다. 심한 고난과 조롱을 받으며 죽

으셔야 했던 예수님께 그저 죄송한 마음이 들어 가슴이 먹먹
해졌다. 나는 고개를 숙이고 눈을 감았다. 질끈 감은 두 눈에
서 알 수 없는 눈물이 흘러내렸다. 다시 한 번 그동안 내가 저
지른 잘못들이 파노라마처럼 머릿속에서 펼쳐졌다. 세상의 영
광을 맛본 후 신앙의 매너리즘에 빠져 형식적인 그리스도인
이 되어 버린 내 모습이 떠올랐다. 하나님을 믿는다고 하면서
남을 미워하거나 시기할 때도 있었고, 하지 말아야 할 일을 하
거나 해서는 안 될 말을 할 때도 많았다. 그러나 무엇보다 가
장 큰 문제는 이러한 죄들이 어느새 습관이 되어 내가 잘못을
저지르고 있다는 사실조차 인식하지 못했다는 것이다.

전도사님 앞에서 한참을 울고 난 후 나는 결심했다. 예수
님을 다시금 나의 구주로 삼고 죄로부터 자유로워지기 위해
작정 기도를 드리기로 한 것이다. 그 길로 나는 곧장 기도원으
로 달려갔다.

오랜만에 찾은 기도원에는 늦은 시간임에도 불구하고 많
은 사람들이 기도하고 있었다. 깜깜한 밤, 산 중턱에 자리를
잡고 엎드려 돌아온 탕자의 마음으로 하나님께 부르짖었다.

"주님, 죄 많은 이 아들 주님께 돌아왔습니다. 저는 지난

시간 동안 주님 뜻에 합당한 삶을 살지 못할 때가 많았습니다. 주님의 뜻에 어긋나고 세속적으로 변해 버린 저를 용서해 주세요. 하나님을 의지하지 않고 살던 저의 교만함을 용서해 주세요. 부디 저를 긍휼히 여겨 주시고 제가 이 모든 죄로부터 자유해질 수 있도록 제발 도와주세요."

기도를 하는 동안 지난날 내가 지은 죄들의 무게가 나를 짓눌러 차마 고개를 들 수가 없었다. 하나님께 목 놓아 부르짖으며 다시 한 번 참회의 눈물을 흘렸다. 그날 이후로 나는 모든 외부 활동을 중단하고 집과 기도원만을 오가며 하나님께 회개 기도를 드렸다. 알고 지은 죄, 모르고 지은 죄까지 떠올리며 지난날 내가 행한 모든 죄를 낱낱이 회개했다.

기도원에서 회개 기도를 드리기 시작한 지 보름쯤 지났을 무렵, 기도원에 가기 위해 집을 나서는데 어머니가 말씀하셨다.

"현영아, 오늘 새벽에 너를 위해 기도하는데, 너의 회개가 하늘에 상달된 것 같다는 믿음이 들었단다."

"네, 그랬으면 정말 좋겠네요. 기도원 다녀올게요."

기도원에 도착하여 산을 타려는데 오랜만에 은영 누나로부터 전화가 왔다. 그동안 사람들의 연락도 피하고 최대한 기도에 집중하며 지냈지만 누나의 전화만큼은 받아야겠다는 생각이 들었다. 아니 어쩌면 누나의 전화를 기다렸는지도 모르겠다. 지난번 누나와 만난 뒤 내게 일어난 많은 일들을 들려주고 싶었다.

"여보세요?"

조심스레 전화를 받는 내 목소리와는 달리 누나는 한껏 들떠 있었다.

"현영아, 기쁜 소식이 있어. 오늘 아침 너를 위해 중보기도를 하는데 하나님께서 순종한 네게 고맙다고 말씀하셨어. 그리고 너를 아주 많이 사랑하신대. 너를 보며 웃고 계셨어."

"네? 누나 그게 무슨 말이에요?"

"하나님께서 너의 믿음과 순종을 받으셨다는 얘기야. 그동안 고생 많았지? 네가 사랑하는 것들을 하나님 앞에 온전히 내려놓는다는 것이 결코 쉽지 않았을 텐데 정말 수고 많았어. 참! 그리고 네가 쓴 책을 통해 할 일이 많으시다며 절판시킨 책도 다시 발간하라고 하셨어."

그저 어리둥절할 뿐이었다. 누나에게 그간에 일어난 일을 말한 적이 없건만 마치 누나는 이미 다 알고 있었던 것 같았다. 더구나 나 자신에게 실망스러워 육체적으로나 정신적으로 너무 지쳐 있는 내게 하나님은 고맙다고 하시고 나를 보고 웃으신다니, 이 말을 어떻게 받아들여야 할지 몰랐다.

"누나, 그 말이 사실이에요?"

"그래, 현영아. 이 모든 것이 하나님의 뜻 가운데서 일어난 일인 것 같아."

"실은 오늘 어머니도 누나와 비슷한 말씀을 하셔서 긴가민가했어요. 누나 말을 듣고 나니 확신이 서네요. 아무튼 고마워요."

"고맙긴. 나는 하나님께서 하신 말씀을 네게 전한 것뿐인걸. 무엇보다 하나님께서 너를 시험하신 것이 결코 너를 사랑하지 않아서가 아니라 너에게 더 큰 은혜를 베푸시기 위함이었다는 것을 잊지 마."

마치 죽음의 문턱에서 살아 돌아온 사람처럼 내가 숨 쉬고 있다는 사실조차 감사하게 느껴지는 순간이었다. 그 동안 겪은 고통으로 인해 가슴이 새까맣게 타 버렸지만 하나님의 시험을 무사히 통과했다는 사실에 가슴이 벅차올랐다.

나는 순종하는 마음으로 은영 누나가 알려 준 하나님의 말씀에 따랐다. 제일 먼저 출판사에 전화를 걸어 책을 다시 발간시켜 달라고 부탁했다. 나와 통화하면서 크게 안도하는 편집자의 한숨에서 그간 얼마나 마음고생이 심했는지 짐작할 수 있었다. 편집자는 내가 책을 절판해 달라고 부탁한 시점부터 출판사 직원들과 함께 나를 위해 기도했다면서 나보다 더 이 상황에 감사해했다. 그리고 하나님께서 저자인 나를 깊이 만지고 계심을 기도를 통해 알게 되었다면서, 그래서 더 나의 어처구니없는 절판 요청을 받아들일 수밖에 없었노라고 말했다. 부족한 나를 위해 기도로 동행해 준 편집자와 출판사 직원들께 감사할 따름이었다.

회개의 본을 보인
다윗 왕

다윗이 나단에게 이르되 내가 여호와께 죄를 범하였노
라 하매 나단이 다윗에게 말하되 여호와께서도 당신의
죄를 사하셨나니 당신이 죽지 아니하려니와

(삼하 12:13)

지난 몇 주간 내게 일어난 일련의 일들은 하나님께서 친히 계획하신 사건이었다고 믿는다. 오직 하나님과 나 외에는 알 수 없는 일들을 타인의 입을 통해 듣게 하시고, 그동안 지은 죄들을 수면 위로 드러나게 하셔서 나를 회개의 길로 이끄신 과정은 정말 놀라웠다. 끝나지 않을 것만 같던 어둡고 긴 터널을 통과하면서 내가 받은 심적, 육체적 고통은 이루 말할 수 없었지만 무사히 지나고 돌이켜보니 하나님은 하나님대로 내가 주님께로 돌아오기를 애타게 기다리셨다는 생각이 들었다. 하나님은 가장 적절한 때에 나를 낮추시고 다시 일으키신 것이다.

> 너는 이스라엘 자손의 온 회중에게 말하여 이르라 너희
> 는 거룩하라 이는 나 여호와 너희 하나님이 거룩함이니
> 라 (레 19:2)

거룩하신 하나님은 우리가 그분을 닮아 가길 바라신다. 우리는 그분의 형상을 닮은 자녀이기 때문이다. 이번 일을 겪으면서 '거룩'이란 말을 묵상하며 다윗 왕의 이야기를 되새기게 되었다.

전쟁을 치르던 와중에 왕궁 지붕에서 한가로이 산책하던

다윗 왕은 부하인 우리아의 아내 밧세바를 보고 그녀와 동침
했다. 그리고 그녀가 임신하자 자신의 죄를 은폐하기 위해 부
하를 시켜 전쟁터에서 우리아가 죽도록 만들었다.

> 다윗이 행한 그 일이 여호와 보시기에 악하였더라

(삼하 11:27)

전능하신 여호와를 의지하며 물맷돌 다섯 개로 골리앗을
물리치고, 수금으로 하나님을 찬양하여 사울 왕의 악한 영을
떠나보낸 다윗이 아니던가. 하나님의 마음에 합한 종이라는
칭송을 듣던 다윗도 죄 앞에서는 어쩔 수 없이 나약한 인간일
뿐이었다.

하나님은 즉시 나단 선지자를 보내 다윗의 죄를 신랄하게
드러내셨다. 다윗은 나단 선지자로부터 하나님의 계시를 듣고
"내가 여호와께 죄를 범하였노라"고 고백하며 곧바로 자신의
죄를 실토했다. 이 고백은 하나님을 전적으로 신뢰하는 다윗
의 믿음을 보여 준다. 하지만 그의 회개에도 불구하고 나단 선
지자는 다윗과 밧세바 사이에서 낳은 아들이 죽을 것이라고
예언했다. 다윗은 그 길로 자식을 살리기 위해 금식함으로 땅

에 엎드려 기도했지만 자식을 살릴 수는 없었다.

죄의 삯은 사망이기에 죄는 반드시 대가를 치러야 하는 법이다. 다윗은 자신의 죄 값을 자식의 죽음으로 치러야 했다. 다윗은 이 일을 통해 죄의 무서움을 뼈저리게 경험했고, 이후 자신의 죄악을 하나님께 온전히 아뢰며 다시금 죄에 빠지지 않도록 하나님 앞에서 근신하는 삶을 살았다.

> 하나님이여 주의 인자를 따라 내게 은혜를 베푸시며 주
> 의 많은 긍휼을 따라 내 죄악을 지워 주소서 나의 죄악
> 을 말갛게 씻으시며 나의 죄를 깨끗이 제하소서 무릇
> 나는 내 죄과를 아오니 내 죄가 항상 내 앞에 있나이다
> (시 51:1-3)

다윗이 마지막까지 하나님의 마음에 합당했던 이유는 죄를 짓지 않는 완벽함에 있던 것이 아니라, 자신의 죄를 겸허히 인정하고 하나님께 회개하는 신앙의 순결함에 있었다. 하나님은 자신의 연약함을 인정하고 전능하신 하나님을 신실하게 의지하는 다윗의 자세를 기쁘게 여기셨다.

예수님이 금식하며 40일간 광야에서 시험을 받으신 후 공생애 사역을 시작하시면서 가장 먼저 외치신 말은 "회개하라"였다. "내가 의인을 부르러 온 것이 아니요 죄인을 불러 회개시키러 왔노라"고 제자들을 가르치신 것처럼 회개는 예수님이 목 놓아 외치신 복음이었다.

너희도 만일 회개하지 아니하면 다 이와 같이 망하리라

(눅 13:3)

인간은 결코 죄로부터 자유로울 수 없다. "사람의 마음속에 음욕을 품는 것만으로도 간음한 것이요 형제를 미워한 것만으로도 살인한 것이다"고 말씀하신 예수님의 기준으로 보았을 때 과연 이 세상에 죄인이 아닌 사람이 어디 있을까? 인간은 무수히 많은 죄에 노출되어 있거니와 쉽게 죄의 유혹에 빠진다. 이렇게 죄로부터 자유로울 수 없는 우리를 위해 예수님은 끊임없이 회개를 외치셨고, 결국 우리의 죄를 해결하시고자 우리를 대신해 십자가에서 피 흘려 돌아가셨다. 그렇기에 우리는 예수 보혈을 의지하며 살 수밖에 없다. 그 피가 우리를 깨끗하게 하실 것이다.

신고합니다!
이병 조현영!

보라 내가 너를 연단하였으나 은처럼 하지 아니하고 너
를 고난의 풀무 불에서 택하였노라 (사 48:10)

언제부턴가 내가 하고 있는 일이나 계획들을 하나님께 고
하고 의탁하기보다는 내 의지로 꾸려 나가기 시작했다. 하나
님이 내 삶에 직접 개입하기 전까지 이런 나의 행동들이 잘못

이었는지 꿈에도 생각지 못했다. 물론 일이 잘 풀리고 성공을 거두었을 땐 하나님께 영광을 올려드렸지만 입으로만 그랬을 뿐 나의 중심은 인간인 나를 칭송했다. 이것이 곧 나의 교만이었던 것이다.

책을 재발간한 후 나는 가장 먼저 군 입대를 결심했다. 때마침 입영 통지서가 집에 도착해 있었기에 나는 내가 갈 수 있는 가장 빠른 날짜로 입대 신청을 했다.

군 입대를 며칠 앞둔 어느 날 저녁, 가족과 함께 저녁식사를 하던 중 어머니는 내게 당부하셨다.

"현영아, 군에 입대하면 지금껏 경험하지 못한 힘들고 외로운 시간들이 찾아올지도 몰라. 하지만 네가 힘들고 외로울 때 하나님께서 너를 더욱 깊이 만나 주실 테니 걱정하지 마. 너는 그 시간을 통과하며 영적으로 더욱 도약하게 될 거야."

평소 식사 시간 때만 되면 유난히 말씀이 많아졌던 아버지 역시 내심 걱정되시는지 어두운 표정으로 묵묵히 식사만 하셨다. 한편 이미 군 생활을 마친 친구들은 나의 가족보다 더 걱정이 많았다. 군에 입대하면 내가 웬만한 선임들보다 나이가 훨씬 많을 터였고, 더구나 10년 가까운 유학 생활로 미국

식 사고방식과 문화에 젖어 있었기 때문에 규율이 많은 군 생활이 남보다 더 어려울 것이라고 여겼기 때문이다. 나 역시 그런 점에서 걱정이 아예 없었다면 거짓말이다. 하지만 지난 몇 주간의 시련을 통해 전보다 더 단단해졌기 때문에 어떤 연단이라도 겸허히 받아들일 준비가 되어 있었다. 설사 군 생활이 힘겹더라도 그동안 교만하게 지내 온 나의 잘못에 대한 대가라고 생각하고 오직 하나님만 의지하며 그분의 뜻 가운데 머물고 싶었다.

시간은 빠르게 흘러 어느덧 5주간의 군사훈련을 마치고 동해안으로 자대 배치를 받아 군 생활을 시작했다. 모두가 우려한 대로 나의 군 생활은 시작부터 순탄하지 않았다. 입대 전 대외 활동을 하면서 어느새 남에게 대접받는 것에 익숙해져서인지 나보다 한참 어린 선임들을 섬기는 것이 꽤나 자존심 상했다. 훈련으로 인한 육체적 고통보다 단체생활로 인한 정신적 스트레스도 컸다.

나는 평소 사람들과 좁고 깊은 관계를 맺어오며 내가 좋아하는 사람들하고만 깊은 친분을 맺고 지냈었다. 하지만 군대에서는 난생처음 보는 사람들과 온종일 살을 맞대며 지내야

했다. 당연히 나의 배타적인 성격으로 인해 크고 작은 마찰이 불가피했다. 최대한 나를 낮추고 섬김의 자세를 가지자고 수백 번 마음속으로 다짐해 봤지만 힘이 부칠 때면 나의 모난 부분들이 바로 드러나곤 했다. 그럴수록 나는 군 생활에 쉽게 적응하지 못한 채 주위 사람들에게 걱정을 끼치는 애물단지가 된 것만 같아 나 자신에게 몹시 실망스러웠다.

40km 야간 행군 훈련을 할 때였다. 장시간 걸어야 하는 행군이 거의 끝나 갈 무렵 발을 헛디며 그만 발목을 삐고 말았다. 군화를 새로 지급받은 지 얼마 되지 않아 발에 잘 맞지 않은 탓이었다. 하지만 행군이 얼마 남지 않았기에 절뚝거리더라도 이를 악물며 끝까지 걷자고 다짐했다. 그러다 보니 평소처럼 속도를 내기는커녕 이따금씩 대열에서 이탈하는 상황이 벌어졌다. 어떻게 걸었는지 기억도 나지 않을 만큼 고통의 시간을 견디고 겨우 행군을 마쳤을 때는 온몸이 땀으로 흠뻑 젖어 있었다. 행군을 무사히 마쳤다는 안도감과 포기하지 않았다는 사실에 스스로 대견해하던 것도 잠시, 한 선임이 다가와 차가운 목소리로 소리쳤다.

"야! 너는 행군 하나 제대로 못하냐! 네가 할 줄 아는 게 도대체 뭐야?"

나는 너무 당황한 나머지 그 자리에서 몸이 딱딱하게 굳어 버렸다. 입대 후 이를 악물고 지켜 온 내 자존심이 순식간에 와르르 무너져 내렸고, 말할 수 없는 좌절감이 나를 에워쌌다. 선임이고 뭐고 소리치며 화를 내고 싶었지만 나는 고개를 숙인 채 끓어오르는 분노를 억누를 수밖에 없었다.

"죄… 죄송합니다."

나는 이를 악물며 그 시간이 빨리 흘러가길 간절히 바라고 또 바랐다.

그날 밤, 모두가 고요히 잠든 시간. 나는 해안위병소 경계를 서며 잠시 하늘을 올려다보았다. 그날따라 밤하늘엔 유난히 많은 별들이 빛나고 있었다. 반짝이는 별들을 바라보고 있자니 사랑하는 가족과 친구들이 사무치게 그리웠다. 순간 눈에서 알 수 없는 눈물이 한 줄기 흘러내렸다. 당장에라도 그들을 만나러 달려가고 싶었다. 그러나 그럴 수 없는 내 상황이 한스러웠고 무엇보다 남들처럼 군 생활에 잘 적응하지 못하는 것이 서글펐다.

다음날까지 기분은 나아지지 않았다. 심란한 마음을 달래고자 근무 시간이 끝난 후 친구에게 전화를 걸었다. 오랜만에 걸려온 나의 전화에 반가워하는 기색도 잠시, 이전과 달리 어두워진 내 목소리를 감지했는지 친구는 대뜸 이렇게 말했다.

"현영아, 네가 언제까지나 이등병일 것 같니? 조금만 있으면 너도 일병이 되고 후임들이 들어오면 언제 내가 이등병이었나 싶을 만큼 시간이 빨리 지나갈 거야. 그러니까 지금 이 시간을 그저 힘들다고 생각하지만 말고 더 나은 네가 되기 위해 성장통을 겪고 있다고 생각했으면 좋겠다. 사회에 나가면 이보다 더한 일들도 많을 텐데 이렇게 낮은 곳에서부터 차근차근 경험을 쌓게 되면 분명 지금보다 더 힘든 일이 찾아왔을 때 쉽게 이겨 낼 수 있을 거야. 끝까지 힘내 보자."

친구의 말을 듣고 있자니 어쩌면 지금 이 시간이 내게 겸손과 섬김의 자세를 일깨워 주는 복된 시간이 아닐까 하는 생각이 들었다. 6개월 남짓한 이등병 생활은 분명 나에게 연단의 시간이었다. 하지만 그 시간을 통과하면서 나의 허물과 뼛속까지 감추어져 있던 교만을 피부로 느낄 수 있었다. 덕분에 내가 얼마나 이기적이고 교만한 사람이었는지 절실히 깨달았다. 감사하게도 그때의 고난은 하나님께서 다듬어지지 않은 내 인격을 만지시는 데에 밑거름이 되었다.

외롭고 어두운 터널을 지나는 동안 하나님께서 나와 항상 함께하셨다는 것을 믿는다. 숱한 좌절의 시간에 주님은 나를 위로하고 격려해 주셨다. 비록 그분의 음성을 들을 수도, 손으로 만질 수도 없었지만 일마다 때마다 나와 함께하셨음을 믿는다. 그리고 나의 인격을 정금같이 다듬기 위해 이런 시간을 허락하셨음도 깨닫게 되었다. 비로소 나는 더욱 엎드려 나의 교만을 회개하며 예수님처럼 겸손해지기를 기도했다.

나는 마음이 온유하고 겸손하니 나의 멍에를 메고 내게
배우라 그리하면 너희 마음이 쉼을 얻으리니 (마 11:29)

겸손, 그것은 하나님의 자녀들에게 바라시는 예수님의 소망이다. 예수 그리스도의 위대하심은 가장 낮은 곳으로 임하시는 겸손함과 섬김에 있다. 그는 만왕의 왕이지만 왕궁이 아닌 마구간에서 태어나 목수의 가정에서 자라셨다. 예수님은 귀천을 가리지 않고 가난한 자, 병든 자, 세리, 과부를 친구로 삼으시고 제자들의 발을 손수 씻기실 만큼 철저하게 낮아지셨다. 이렇듯 하나님은 연단을 통해서라도 그분의 자녀들이 예수님과 같은 겸손함에 이르길 원하신다.

> 요셉이 바로에게 대답하여 이르되 내가 아니라 하나님
> 께서 바로에게 편안한 대답을 하시리이다 (창 41:16)

겸손함과 더불어 연단이 우리에게 주는 큰 복은 하나님을 신뢰하는 믿음이다. 노예와 죄수로 오랜 세월을 보낸 요셉이 바로 왕 앞에 섰을 때, 하나님의 권능을 입으로 시인할 수 있었던 것은 연단을 통해 자기를 낮추고 하나님을 신뢰하는 법을 배웠기 때문이다. 어쩌면 요셉은 하나님을 온전히 드러내고 영광 올려드리기 위해 그토록 쓴 잔을 마셔야 했는지도 모른다. 그리고 그 쓴 잔을 순종함으로 마셨기에 요셉은 애굽의 총리가 되어 열방에 하나님의 영광을 더욱 드높이는 복을 누릴 수 있었다.

> 자기의 영원한 영광에 들어가게 하신 이가 잠깐 고난을
> 당한 너희를 친히 온전하게 하시며 굳건하게 하시며 강
> 하게 하시며 터를 견고하게 하시리라 (벧전 5:10)

《하나님의 가능성》,
베스트셀러가 되다

네가 이같이 행하여 네 아들 네 독자도 아끼지 아니하
였은즉 내가 네게 큰 복을 주고 네 씨가 크게 번성하여
하늘의 별과 같고 바닷가의 모래와 같게 하리니

(창 22:16-17)

입대 후 한동안 나의 두 번째 책인《나는 하나님의 가능성

이고 싶다)를 잊고 지냈다. 새로운 환경에 적응하느라 정신이 없어서 잊은 것도 있었지만 한편으론 나 같은 사람이 그런 책을 썼다는 사실이 민망하고 하나님께 죄송스러웠기 때문이기도 했다.

군대에서의 연단을 통해 나의 교만을 깨닫고 겸손의 중요성을 뼈저리게 느낄 무렵, 친구의 편지를 통해 놀라운 소식 하나를 전해 들었다. 내가 입대한 시점부터 책이 입소문을 통해 알려지면서 기독교 부문 베스트셀러에 올랐다는 것이다. 더욱 놀라운 건 하나님께서 이 책을 축복의 통로로 사용하고 계신다는 사실이었다.

'설마…' 하며 실감이 나지 않았는데, 그로부터 얼마 후 밀려드는 독자들의 편지와 이메일이 그것이 사실임을 입증해 주었다. 비전 없이 형식적인 신앙생활을 해 오던 청년들이 하나님을 인격적으로 만나게 되고, 저조한 성적으로 고민하던 청소년들이 하나님의 영광을 위해 공부하기로 다짐하였다는 편지가 속속 도착했다. 또한 학부모들은 자녀를 위해 열심히 기도하게 되었다고 전해 왔다. 하나님은 책을 통해 독자들에게 폭포수와 같은 은혜를 퍼붓고 계셨다.

나는 그제야 새로운 사실 하나를 깨달았다. 그토록 아끼던 책을 하나님의 말씀에 따라 절판시킨 나의 순종으로 말미암아 하나님께서는 내가 상상조차 할 수 없는 커다란 은혜를 베풀고 계셨던 것이었다. 독자들로부터 책을 통해 신앙을 회복하고, 하나님을 향한 비전이 생겼다는 편지와 이메일을 받을 때마다 넘치는 기쁨으로 하나님을 찬양했다. 그중 한 여고생으로부터 온 가슴 뭉클한 간증의 편지는 지금도 내 마음 깊이 새겨져 있다.

안녕하세요. 저는 올해 고1이 되는 학생입니다. 얼마 전 한 서점의 기독교 서적 코너를 둘러보다가《나는 하나님의 가능성이고 싶다》라는 제목이 눈에 들어와 그 자리에서 읽기 시작하는데 갑자기 눈물이 왈칵 쏟아졌습니다. 힘든 과정을 나 자신이 아닌 하나님을 위해서, 또 하나님을 통해서 이겨 냈다는 점에 깊은 감명을 받았어요. 지금 와서 생각해 보니 제가 이 책을 읽게 된 것은 우연이 아니라 하나님의 뜻이었고 인도하심이었다고 믿어요.

중학교 생활을 하는 동안 공부를 열심히 했어야 하는데 저는 바보같이 아무것도 하지 않았어요. 중2까지 열심히 하지 않아 중3이 되어서야 조급해졌죠. 하나님께 다 내려놓고 하면 됐던 건데…. 저는 주위 친구들보다 생각하는 것이 많고 가진 꿈도 커요. 그렇게 큰 꿈을 가지고 있음에도 불구하고 아무것도 하지 않았던 어리석은 제 자신에게 너무나도 실망해서 그랬던 것 같아요. 실은 저희 아버지는 목사님이고, 어머니는 교육 전도사님이에요. 제가 어릴 적부터 두 분은 저를 위해 기도를 많이 해주셨어요. 하지만 당시 아프신 아버지 앞에서 저는 늘 투정만 부리고 공부 때문에 바보같이 울기만 했죠. 그리고 아버지는 작년에 돌아가셨어요. 하늘로 올라가신 아버지가 너무 보고 싶어 울기도 많이 울었어요. 살아 계실 때 잘해 드렸어야 했는데 그러지 못한 것을 많이 후회했죠. 저는 그렇게 하루하루 낙심에 빠져갔어요.

그러다가 《나는 하나님의 가능성이고 싶다》를 읽고 처음으로 나도 하나님의 가능성이고 싶다는 소망을 품게 되었고 비전을 향한 간절함이 생겼어요. 저도 이젠 하나님만을 의지하며 공부하기로 결심했어요. 하나님께서 저를 크게 쓰실 것을 믿어요. 그러기 위해선 열심히 기도하며 공부해야겠죠? 꼭 열심히 해서 저와 같이 어려움에 처한 청소년들에게 큰 희망이 되고 싶어요. 책을 통해 저에게 큰 깨달음을 주신 조현영 형제님께 감사하고 하나님께 영광 올려 드립니다.

이러한 감동의 편지는 비단 청소년뿐이 아니었다. 하나님께서는 학부모들에게도 동일한 은혜를 베푸셨다.

저는 모태신앙인으로 자라 많은 복을 누리고 살아온 두 아이의 엄마이자 교회를 섬기는 집사입니다. 얼마 전 기독교백화점에서 《나는 하나님의 가능성이고 싶다》를 발견하곤 주저 없이 구입하여 집으로 왔습니다. 큰 아이는 고등학교 2학년이고 둘째는 이제 중학교 1학년이라서 우리 아이들에게 꼭 필요한 맞춤형 신앙집이라는 판단이 섰지요. 이 책을 아들들보다 제가 먼저 읽었던 이유는 그만큼 아들을 향한 제 마음이 절박했기 때문입니다.

큰아이의 경우 학교 교육에서 오는 억압이 몸에 잘 맞지 않았는지 학기 초 친구를 때리는 폭력 사건을 일으

컸습니다. 줄곧 바른 생활을 하던 아이라 이런 일로 학교에 가게 되리라곤 정말 꿈에도 생각지 못했습니다. 그런 아들을 데리고 다니며 우리 부부는 심리 테스트도 받아 보고 운동도 시키면서 부모가 할 수 있는 한 최선을 다했습니다. 하나님은 큰아들을 통해 저를 철저하게 낮추셨죠.

조현영 형제의 책을 읽고 자녀를 위한 어머니의 기도가 얼마나 중요한지 깨닫게 되었습니다. 기도 외엔 내가 할 수 있는 게 아무것도 없다는 사실을 알게 되었습니다. 그래서 앞으론 하나님께 더욱 기도로 매달려야겠다고 생각했습니다. 다행히 큰아들이 요즘엔 서서히 표정도 밝아지고 변화되고 있어서 감사합니다. 하나님의 은혜겠지요. 억지로 하던 큐티도 요즘은 짧게나마 하고 스스로 변하려 노력하는 모습을 보이더군요. 그래서 어제는 조현영 형제가 쓴 책을 주면서 기도했습니다. 이 책을 통해 큰아이가 하나님을 붙잡고 공부할 수 있게 해달라고 말입니다. 물론 늘 기도하면서 비전을 알게 해달라고 하지만 때론 살아 있는 간증집을 통해 은혜를 받기도 하니까요. 늘 기도하면 주님은 이 아이를 향한 특별한 계획이 있다며 위로해 주시는데 저는 아들이 직접 그것을 체험하며 기도하기를 기다리고 있답니다.

책을 읽고 받은 큰 은혜와 기쁨을 나누고 싶어 감사의 말을 전합니다. 기도의 무릎을 끝까지 세워 주님을 찬양하며 늘 그리스도의 향기와 편지가 되는 조현영 형제님이 되기를 기도합니다.

이와 같은 독자들의 간증을 읽으며 내 책을 축복의 통로로 사용하시는 하나님의 은혜와 사랑에 가슴이 벅차서 참 많은 눈물을 흘렸다. 나는 이러한 복을 받을 만한 자격이 없다는 것을 누구보다 잘 알고 있다. 그렇기에 자만하지 않고 더욱 하나님 앞에 엎드려 그분의 전능하심을 찬양할 수밖에 없다. 전능하신 하나님께 내가 드릴 수 있는 것은 오직 그분을 향한 나의 믿음과 순종뿐이라는 것을 다시 한 번 절감한다.

주께서 나의 슬픔이 변하여 내게 춤이 되게 하시며 나의 베옷을 벗기고 기쁨으로 띠 띠우셨나이다 (시 30:11)

아들아,
너는 내가 그토록 찾던 자다

내가 달려갈 길과 주 예수께 받은 사명 곧 하나님의 은
혜의 복음을 증언하는 일을 마치려 함에는 나의 생명조
차 조금도 귀한 것으로 여기지 아니하노라 (행 20:24)

어느덧 군 생활도 한 해가 지나갈 무렵 일병 배지를 단 내
게 특별한 기회가 찾아왔다. '6·25 상기 기독 장병 구국성회'

집회에서 만 명이 넘는 육해공군을 대상으로 간증을 하라는 지시를 받은 것이다. 이미 입대 전에 이 같은 간증을 수차례 해보았지만, 계급사회인 군대에서 계급을 초월하여 일병인 내가 장병과 장교 그리고 장성들을 상대로 강단에 설 줄은 정말 꿈에도 몰랐다.

간증을 하라는 지시를 받은 그날부터 나는 틈날 때마다 하나님께 간절히 기도했다. 부디 내 입술을 통해 하나님이 온전하게 증거되기를, 그리고 집회에 참석한 장병들이 내가 경험한 하나님을 만날 수 있게 해달라고 목 놓아 기도했다.

기도의 힘 덕분이었을까? 집회 당일 강단에 오르기 전에는 다리가 후들거리고 가슴이 두근거려서 제대로 서 있을 수조차 없더니 막상 강단에 오르자 그런 모습은 온데간데없이 사라졌다. 강단에 선 나는 하나님께서 나의 삶을 그동안 어떻게 이끄셨는지 힘을 다해 간증했다. 나이 들어 온 군대여서 힘들 때도 많지만 군 생활 중에 하나님께서 나의 인격을 다지시고 겸손을 깨닫게 하신다고 간증하자 모두들 경청했다. 더불어 군에 입대한 후 연단만 같았던 지난 시간들을 돌이켜보니 내게는 축복의 시간이었다는 것을 장병들 앞에서 고백했다. 나는 간증을 마치며 선포했다.

"장병 여러분, 우리가 대한의 남자로 태어나 나라의 부름을 받고 군인이 된 것은 하나님의 뜻 가운데서 일어난 일임을 잊지 말아야 합니다. 하나님께서는 우리를 통해 이 나라를 지키십니다. 이 나라를 위해 합심하여 기도합시다!"

감사하게도 하나님은 나의 간증을 통해 장병들의 마음을 어루만져 주셨다. 장병들은 무한 반복되는 군 생활에서 점점 무기력해지는 자신을 돌아보고, 하나님을 만나고 싶다며 나를 찾아왔다. 어떤 장병은 내 간증을 듣고 나서 자신의 사명을 발견하고 비전이 생겼다며 기뻐했다. 더 나아가 어떤 장성의 사모님은 합심하여 기도하던 중 자신의 머리를 짓누르던 통증이 사라졌다며 내게 다가와 고마움을 전했다. 이 모든 것이 하나님께서 친히 그 집회 가운데 함께하셨기에 가능했던 일이다. 이처럼 하나님께서는 부족한 나의 입술을 통해 하나님을 증거케 하는 그분의 사역을 군대에서도 맡기셨다.

휴가를 받을 때면 언제나 자대의 허락을 받고 하나님을 증거할 수 있는 곳으로 달려가 하나님의 전능하심을 전했다. 그렇다 보니 휴가 기간 동안 제대로 쉬어 보지도 못한 채 부대에

복귀하기 일쑤였다. 너무 지쳐서 곧 쓰러질 것 같던 순간도 많았지만 내 마음에는 늘 기쁨이 넘쳐났다. 하나님을 증거하는 것이 나의 사명임을 굳게 믿었기 때문이다. 어머니는 내가 사역을 하고 돌아와 고단해할 때면 항상 하나님께서 내게 주신 사명을 일깨우며 나를 격려해 주셨다.

"현영아, 엄마는 너를 낳기 전부터 오늘날까지 너를 놓고 하나님께 기도한단다. 하나님께서 너를 열방 가운데 택하셔서 많은 사람들에게 복음을 전하게 해달라고 말이야."

어머니의 기도 덕분에 나는 언제나 내가 이 세상에 태어난 목적과 사명을 잊지 않으려고 노력했다. 그리고 나에게 매일같이 복을 더하시는 하나님의 은혜에 조금이라도 보답하고자 사명에 성실히 임하게 해달라고 기도했다. 하나님은 복음과 회개가 필요한 청소년과 청년들에게 나를 보내셨다. 혼탁한 세상의 소용돌이에서 점점 신앙의 빛을 잃어 가는 그들에게 하나님의 능력과 권능이 절실했기 때문일 것이다.

"여러분, 우리의 경쟁력은 신앙입니다. 하나님을 신뢰하는 믿음이 바로 우리의 경쟁력인 것입니다. 좋은 머리, 좋은 학벌, 좋은 직장, 돈, 명예… 이것들은 허울일 뿐 결코 우리의 경쟁력이 될 수 없습니다."

세속적인 문화에 휩쓸려 물질만능주의에 빠져 가는 이 세대 젊은이들에게 목이 터져라 외쳤다. 그들을 만나 하나님의 말씀을 전하며 깨달은 것 중 하나는, 그들에게 진정으로 필요한 것은 재미있는 종교적 이벤트나 오락이 아니라는 사실이다. 그들에게는 오로지 어린양 되신 예수님이 필요하다. 그들에게 예수님이 임재하시면 그분의 성품을 닮고 그분의 은혜를 사모하게 되어 삶에 변화가 일어난다. 이것이 진정으로 이 세대 젊은이들이 세상에서 승리할 수 있는 비결이다. 그래서 나는 기회가 주어질 때마다 젊은이들에게 세상적인 지식이 아닌 예수 그리스도를 집중적으로 전했다.

시간은 쏜살같이 흘러 어느덧 병장이 되었다. 모든 것에 서툴기만 하던 이등병 때의 모습은 사라지고 군 생활에 힘들어하는 후임들을 챙기는 듬직한 군인이 되어 있었다. 병장이 되어 첫 휴가를 앞두고 이메일을 확인하다가 청소년 코스타 한국 집회가 열린다는 사실을 알게 되었다. 나는 조금의 망설임도 없이 휴가 기간 동안 코스타 집회에서 아이들을 섬기기로 결심했다. 그리고 나를 통해 예수님이 온전히 증거되기를 바라며 집회를 위해 기도했다.

짧은 기간이었지만 집회에 참석한 청소년들과 동고동락하며 하나님의 은혜를 마음껏 나누었다. 또 강의가 없는 시간에는 학업이나 이성교제, 진로 등 저마다 고민하는 문제들을 들어주고 성경 말씀을 바탕으로 조언해 주었다.

"저는 열심히 공부하는데 성적이 오르지 않아 고민이에요. 또 돈을 많이 벌어서 성공한 인생을 살고 싶어요. 어떻게 하면 좋죠?"

"예레미야 33장 3절 말씀에 '너는 내게 부르짖으라 내가 네게 응답하겠고 네가 알지 못하는 크고 은밀한 일을 네게 보이리라'고 적혀 있어요. 상투적인 말일지 모르지만 먼저 하나님께 간절히 지혜를 구하세요. 그러면 하나님께서 분명 지혜를 허락하실 테고 그 지혜를 통해 학업을 책임져 주실 거예요."

"정말 기도하면 그렇게 될까요?"

"그럼요. 그리고 내가 무엇이 되고 싶은가보다는 하나님께서 나를 통해 어떤 일을 하고 싶어 하시는지를 발견하는 것이 매우 중요해요. 진정한 성공은 하나님의 뜻을 행하고 그분께 인정받는 삶이랍니다."

청소년들과 상담을 하다 보면 아쉽게도 많은 아이들이 세상적인 가치관을 가지고 하나님을 믿는다는 사실을 알 수 있다. 예전의 나처럼 학벌, 돈, 명예 등 세속적인 성공을 위해 하나님께 기도하며 하나님을 단순히 자신의 욕망을 채워 주는 존재로 여기는 것이다. 이 같은 문제의 배경에는 아이들이 날마다 접하는 세상 문화가 있다. 나는 아이들을 위해 기도하며 그들의 마음속에 예수님을 심어 주려 노력했다. 아침부터 저녁까지 계속된 강의와 상담으로 몸은 고단했지만 이것이 하나님이 내게 주신 사명이자 기쁨이었기에 나는 최선을 다해 그들을 섬겼다.

집회가 거의 막바지에 이를 무렵, 나와 함께 강사로 섬기던 한 선교사님이 아이들에게 둘러싸여 있는 것을 보았다. 무슨 일인가 싶어 다가갔더니 선교사님이 아이들에게 일일이 손을 얹어 기도해 주고 계셨다. 순간 나도 기도를 받고 싶다는 생각에 아이들과 함께 줄을 서서 차례를 기다렸고, 얼마 후 내 차례가 되었다. 지속된 강의와 상담으로 피곤하실 줄 누구보다 잘 알고 있었지만 염치 불구하고 선교사님께 기도를 부탁드렸다. 감사하게도 선교사님은 싫은 내색 없이 미소를 지으며 내 머리에 손을 얹고 기도해 주셨다.

"아들아, 너는 내가 그토록 찾던 자다. 나의 사녀들을 위해

수고해 주어 고맙구나. 네가 이 세상에 태어난 이유는 나의 영
광을 드러내기 위함이다. 내가 너로 인해 더욱 큰 영광을 받기
원하기에 이제 너를 온 열방을 향해 사용할 것이니라. 너를 통
해 이 시대 젊은 세대에게 비전을 제시할 것이니라."

　뜻밖에도 선교사님의 입에서는 하나님의 계시의 말씀이
흘러나왔다. 선교사님의 예언 기도는 다시 한 번 나의 사명이
무엇인지 확증시켜 주었다. 나는 하나님께 마음속 깊이 감사
드리며 눈을 감고 그분의 임재 가운데로 들어갔다.

　지금껏 쉼 없이 하나님의 사역을 감당해 왔지만 그 일이
결코 쉽지 않았음을 고백한다. 매 순간 사역을 위해 기도하며
마음의 준비를 해야 했고, 때로는 하나님보다 나의 의가 더 드
러나지 않을까 두렵고 떨리는 마음으로 사역에 임했다. 그럼
에도 하나님의 사역을 계속할 수 있는 것은 이것이 바로 하나
님이 내게 주신 사명임을 굳게 믿기 때문이다.

　　내가 달려갈 길과 주 예수께 받은 사명 곧 하나님의 은
　　혜의 복음을 증언하는 일을 마치려 함에는 나의 생명조
　　차 조금도 귀한 것으로 여기지 아니하노라 (행 20:24)

하나님이 주신 사명은 내 목숨보다 귀하고, 그 사명은 내가 이 땅을 살아가는 이유다. 아무리 그 길이 험난하고 외로울지라도 예수님이 앞서 걸어가신 길이기에 묵묵히 따라가고 싶다. 나는 참 행복한 사람이다. 하나님이 주신 사명을 그분의 뜻 가운데서 감당하고 있으니 말이다. 이보다 더 행복한 사람이 어디 있을까.

간증 사역을 할 때면 언제나
간절한 마음으로
하나님께 부르짖었다.

현영아,
이젠 사역을 줄여야겠구나

근신하라 깨어라 너희 대적 마귀가 우는 사자같이 두루

다니며 삼킬 자를 찾나니 (벧전 5:8)

연단의 시간을 통과하며 회개의 삶을 살게 된 후 나의 신
앙은 큰 전환점을 맞이했다. 예전에는 기도할 때 "하나님, 이
것도 해주시고, 저것도 해주세요" 했다면 이젠 "나의 죄를 용

서해 주시고 주님의 뜻 가운데 머물 수 있도록 도와주세요"라고 기도하는 나를 발견할 수 있었다. 더 이상 하나님께 내 육신의 필요를 구하지 않고 하나님의 자비와 은혜를 간구하게 된 것이다.

나의 간증 사역에도 변화가 생겼다. 예전에는 세상의 성공과 하나님이 주시는 복에만 집중했다면, 이젠 우리 죄를 위해 십자가에 못 박혀 돌아가신 예수 그리스도와 주님의 뜻을 따라 사는 삶에 초점을 맞추어 간증하게 되었다.

한편 회개의 삶을 살게 된 후 내게 이상한 일이 한 가지 일어났다. 늘 해오던 간증 사역임에도 사역을 마치고 돌아오면 정신이 혼미해지거나 마치 어둠이 나를 집어삼키는 듯한 기분이 들면서 누군가에게 흠씬 두들겨 맞은듯 통증이 찾아왔다.

하루는 간증 사역을 마치고 집에 돌아왔는데 알 수 없는 공허함으로 불쾌한 기분이 들었다. 얼른 이런 기분에서 벗어나려고 평소 좋아하던 찬송을 크게 틀어놓고 따라 부르기 시작했다. 여느 때 같으면 이렇게 몇 곡 따라 부르고 나면 기분이 금세 좋아졌는데, 그날은 아무리 찬양을 따라 부르고 기도를 해도 기분이 쉽게 나아지지 않았다. 그때 불현듯 귓가에서 한 소리가 들렸다.

"너를 자유롭게 할 수 있는 건 오직 세상의 쾌락뿐이야!"

나는 깜짝 놀라 주변을 둘러봤지만 방 안에는 나 외에 아무도 없었다. 그 소리는 귓가에 계속 울려 퍼지며 나를 고통스럽게 했다. 마침내 머리가 깨질 듯한 고통 때문에 나는 비명을 질렀다. 깜짝 놀란 어머니가 내 방으로 뛰어오셨다. 머리를 쥐어뜯으며 힘겨워하는 나를 어머니는 끌어안으며 머리에 손을 얹고 기도하셨다. 어머니의 기도 덕분에 나는 정신을 차릴 수 있었다.

잠시 후 기도를 마친 어머니가 말씀하셨다.

"현영아, 이젠 사역을 줄여야겠구나. 사역을 하는 것은 좋은 일이지만 하나님께서 허락하신 곳이 아니라면 자칫 네가 큰 위험에 처할 수도 있단다. 하나님의 사역이란 목숨을 내놓고 하는 일이야."

"네? 그 말씀은 제가 죽을 수도 있다는 뜻인가요?"

"그만큼 쉽게 생각해서는 안 된다는 말이야. 하나님의 사역에는 항상 시험이 따른단다. 네 입을 통해 복음이 증거되고 많은 영혼들이 구원에 이르기 때문에 사탄은 이를 막기 위해 온갖 수단으로 너를 공격할 거야. 그것이 바로 영적 공격이란다. 예수님도 사탄에게 시험을 당하셨듯이 사탄은 너와 같은 사역자들을 통해 하늘의 뜻이 이 땅에서 이루어지는 것을 어떻게든 막으려 든단다."

나는 지금까지 내가 하는 사역이 사탄의 공격 대상이었다는 생각을 단 한 번도 해본 적이 없었다. 더욱이 이런 말씀을 왜 진작 하지 않으셨는지 어머니도 이해되지 않았다.

"제가 사역하는 모습을 오랫동안 지켜보셨지만 단 한 번도 그런 말씀을 해주신 적이 없잖아요. 그런데 이제야 이런 말씀을 하시는 이유가 있나요?"

"현영아, 영적 세계를 이해하는 것도 다 때가 있는 법이란다. 현영이 네가 오랫동안 너의 죄를 회개했고, 그로 인해 하나님과 네 사이를 가로막고 있던 죄의 벽이 사라지면서 너는 영적으로 민감해졌단다. 육신의 죄가 벗겨지면서 영적 분별력이 생겨난 것이지. 그러한 영적 분별력 없이는 엄마가 지금 하는 말을 아무리 설명해도 이해하기 쉽지 않을 거야. 그런데 지금의 네 모습을 보면서 이젠 때가 된 것 같다는 생각이 드는구나."

사역을 하고 난 후 몸이 아프고 알 수 없는 검은 그림자가 나를 에워싸는 듯한 기분에 시달리던 터라 어머니의 말씀이 피부로 와 닿았다. 이후 어머니는 내게 영적 비밀들을 하나 둘 설명해 주셨다.

"사탄은 수단과 방법을 가리지 않고 하나님의 자녀들을 삼켜 버릴 기회를 노린단다. 하나님의 사역을 하는 주의 종들도 결코 예외는 아니지. 지금껏 많은 하나님의 사역자들이 사탄의 영적 공격으로 무너졌단다. 그중에는 목회자는 물론 찬양 사역자, 더 나아가 청소년 사역자들도 있었어."

"정말요? 그럼 그들은 어떻게 되었나요?"

"오직 하나님과 자신만 알던 죄가 세상에 드러나 하나님의 사역을 내려놓아야만 했단다. 그들의 죄를 바라보는 세상의 시선이 결코 곱지 못했기 때문이야. 현영이 네가 무엇보다 명심해야 할 것은 그들은 하나님의 귀한 사역을 감당하는 주의 종이었기 때문에 사탄이 더욱 그들을 공격했다는 사실이야."

"그럼 어떻게 해야 사탄의 공격을 피할 수 있죠?"

"내면의 죄를 회개하고 예수님의 보혈을 의지하는 수밖에 없단다. 이스라엘 백성이 유월절에 어린 양의 피를 문설주에 바름으로써 저주를 피할 수 있었던 것처럼, 사역을 하기 전에는 항상 예수님의 보혈을 의지하고 방패 기도를 하렴. 사역을 하는 동안 사탄이 너를 공격해 오지 못하도록 말이야. 그리고 그 사역이 끝나면 너를 공격해 온 어둠을 모두 성령의 불로 태워 버려야 한다. 이것은 오직 기도로만 가능한 일이지."

어머니는 말씀을 마치자 나의 손을 붙잡고 다시 한 번 기도해 주셨다. 나는 눈을 감고 어머니의 기도에 귀를 기울였다.

"하나님, 이 아들을 하나님의 손에 맡겨 드립니다. 어떤 원수 마귀도 이 아들을 건드리지 못하도록 주 예수 그리스도 십자가의 보혈로 보호하여 주옵소서. 이 아들을 부디 지켜 주시옵소서."

어머니의 기도에는 강한 힘이 실려 있었다. 꽤 길었던 기도가 끝나고 눈을 떴을 때, 깨질 듯이 아프던 머리도, 두들겨 맞은 듯했던 온 몸도 거짓말처럼 나아 있었다. 그리고 내 마음을 가득 채우던 공허함도 사라졌다. 이러한 영적인 경험을 통해 나는 비로소 하나님의 사역을 결코 가볍게 여기지 않게 되었다.

> 우리의 씨름은 혈과 육을 상대하는 것이 아니요 통치자들과 권세들과 이 어둠의 세상 주관자들과 하늘에 있는 악의 영들을 상대함이라 (엡 6:12)

태어날 때부터 하나님의 부르심을 입은 삼손. 그는 하나님의 뜻을 이루기 위해 특별한 부르심을 받아 놀라운 힘과 능력을 부여받았지만 블레셋 여인의 유혹에 빠져 결국 모든 힘을 상실하고 눈까지 뽑혀 원수들의 조롱거리가 되고 말았다. 이처럼 사탄은 언제나 하나님의 뜻을 이루기 위해 부르심을 받은 자들을 끊임없이 유혹하며 그들을 한 순간에 무너뜨릴 기회를 엿본다. 그렇기에 하나님의 사역자들은 사탄의 끊임없는 유혹과 영적 전쟁에서 승리하기 위해 하루하루 깨어 있는 삶을 살 수밖에 없다.

사람들 앞에서 하나님의 말씀을 전하고 찬양을 인도하다 보면 사람들의 찬사와 영광을 뿌리치기가 쉽지 않다. 그렇기 때문에 하나님께 온전히 모든 영광을 올려 드리는 것이 더욱 어려워지는 것이다. 이것이 하루 이틀 쌓이다 보면 어느새 마음의 중심에서 하나님의 존재가 점차 작아지고 교만이 싹 트게 된다. 이러한 상황이 더 오래 지속되면 결국엔 하나님을 드러내기보다 자신을 드러내는 실수를 범하게 된다.

네가 아름다우므로 마음이 교만하였으며 네가 영화로우므로 네 지혜를 더럽혔음이여 (겔 28:17)

천사장이었던 루시퍼는 하나님을 경배하기 위해 지어진 존재였으나 많은 천사들로부터 찬사를 받자 마음에 교만이 생겨났다. 하나님과 늘 가까운 곳에서 하나님을 찬양하다 보니 하나님의 밝은 영광의 빛이 루시퍼에게 전이되었고, 루시퍼는 그 빛이 자신에게서 나오고 있다고 착각한 것이다.

나는 한때 강단에서 예배를 인도하고 하나님의 말씀을 전하는 사역이 하나님께 더욱 가까이 나아가는 길이라 믿었던 때가 있었다. 그래서 하나님의 사역을 하는 사람들을 부러워했고 나도 그들처럼 되고 싶어 했다. 비교적 어린 나이부터 교회 강단에서 간증 사역을 해왔던 난, 지금껏 평신도 사역자란 명분으로 수많은 교회와 집회를 다니며 많은 사람들에게 내가 경험한 하나님을 간증해 왔다. 그때만 하더라도 사역을 통해 내가 하나님께 더욱 가까이 다가가고 있다고 생각했다. 예배와 집회를 인도하며 많은 사람들이 하나님께 더욱 가까이 다가설 수 있도록 도와주는 역할을 감당했기에 마치 내가 거룩해지고 있는 줄로 착각했던 것이다.

아이러니하게도 하나님의 사역을 시작하고 나도 모르는 사이 하나님과의 관계를 소홀히 하게 되었다. 바쁜 사역 일정으로 기도와 말씀을 묵상하는 시간이 줄어들면서 나의 신앙은 순식간에 바닥을 쳤다. 교만과 음란, 혈기로 영적 공격을 받고 있다는 사실도 모른 채 내 삶은 점차 피폐해져 갔다. 그러나 사람들에겐 결코 이런 내 모습을 보이기 싫어 강단에 서면 최대한 나를 감추기에 급급했다.

점점 죄에 묶여서 번뇌하던 나를 하나님께서는 강한 팔로 붙잡으셨다. 하나님께서는 나의 문제를 정확히 알고 계셨다. 내가 하나님 앞에서 지어온 죄들을 말끔히 회개하는 것이 내 삶을 향한 하나님의 해답이었다. 하지만 사탄은 죄를 통해 내 안에 살아 계신 예수님의 존재를 없애기 원했고, 구원의 확신을 빼앗길 바랐다. 만약 하나님께서 나를 붙잡아 주지 않으셨다면 나는 분명 더욱 더 죄에 묶여 지옥의 길을 걸었을 것이다.

사탄은 죄를 통해 우리를 공격할 수 있는 정당권을 획득한다. 따라서 사탄은 우리가 죄를 짓는 순간 우리를 공격해 온다.

이 일로 말미암아 여호와의 원수가 크게 비방할 거리를 얻게 하였으니 (삼하 12:14)

사탄의 공격을 이길 수 있는 가장 좋은 무기는 바로 회개 기도를 하는 삶이다. 영적 공격을 당할 때 우리는 하나님 앞에서 아직 해결받지 못한 죄가 있는지 살피고 무릎 꿇고 회개 기도를 드려야 한다. 우리가 죄사함을 받았을 때 사탄은 더 이상 우리를 공격해 올 정당권을 얻지 못한다. 회개 기도야말로 우리의 최대 영적 무기이자 하나님께 가까이 다가갈 수 있는 축복의 열쇠인 것이다.

> 그러므로 너희가 회개하고 돌이켜 너희 죄 없이 함을 받으라 이같이 하면 새롭게 되는 날이 주 앞으로부터 이를 것이요 (행 3:19)

Part 2

사명
너는 일본으로 가라

주여,
나를 보내소서

여호와께서 아브람에게 이르시되 너는 너의 고향과 친
척과 아버지의 집을 떠나 내가 네게 보여 줄 땅으로 가
라 (창 12:1)

"하나님, 제대가 얼마 남지 않았습니다. 이젠 더 이상 하나
님의 뜻에서 멀어지고 싶지 않아요. 부디 제게 주님의 길을 밝

혀 주세요. 하나님께서 뜻하시는 길로 가기 원합니다."

군대에서 보낸 2년이란 시간 동안 하나님은 내게 많은 것을 내려놓게 하셨다. 군 입대 전 최고의 가치로 여기던 지식과 돈, 명예, 인맥은 더 이상 나의 관심거리가 아니었다. 하나님을 붙잡지 않고 살던 시간들이 내게는 어둠의 시간이었음을 잘 알기에 이젠 하루하루 하나님과 동행하는 삶을 살고 싶었다.

그러던 어느 날 부대로 한 독자의 편지가 도착했다. 그는 일본에서 직장생활을 하고 있는 한국 청년이었다. 그의 편지에는 이런 글이 적혀 있었다.

"일본에서 3년 가까이 살며 하나님 없이, 비전 없이 살아가는 일본 사람들을 볼 때마다 가슴이 아플 때가 많습니다. 이곳에는 예수님의 복음을 전할 하나님의 일꾼이 많이 부족합니다. 저는 조현영 형제님이 이곳에 오셔서 꿈도 없이 죽어 가는 이들에게 복음을 전해 주길 기도하고 있어요."

편지를 읽고 난 후 나는 잠시 생각에 잠겼다. 가슴 깊은 곳에서 큰 울림이 느껴졌기 때문이다. 그리고 그 울림은 순식간에 나를 휘감았다. 시간이 지나도 머릿속으로 자꾸만 편지 내용이 떠오르며 잊히지 않았다. 혹시 이것이 하나님의 응답은 아닐까 하는 생각에 나는 기도로 하나님의 뜻을 구하기로 했다. 그날부터 나의 기도 시간은 점점 늘어났고, 신기하게도 기도를 하면 할수록 태어나 한 번도 가보지 못한 일본이란 나라가 점점 가깝게만 느껴졌다.

주님이 홀로 가신 그 길 나도 따라가오
모든 물과 피를 흘리신 그 길을 나도 가오

험한 산도 나는 괜찮소
바다 끝이라도 나는 괜찮소
죽어 가는 저들을 위해 나를 버리길 바라오

아버지 나를 보내 주오 나는 달려가겠소
목숨도 아끼지 않겠소 나를 보내 주오

〈사명〉이란 찬양을 듣던 어느 날 가슴속 깊이 하나님의 말씀이 생생하게 들려왔다.
"일본으로 가라."
그날 이후 나는 제대 후의 진로 문제로 더 이상 고민하지 않았다. 일본으로 가서 복음을 전하는 것이 내게 주어진 새로운 사명이라는 것을 깨달았기 때문이다. 하지만 주변 사람들의 반대가 의외로 적지 않았다. 영적으로 메말라 있는 일본 땅에 가서 복음을 전하겠다는 생각은 좋지만 이를 위해 겪어야 할 영적 공격은 나 혼자 감당하기엔 벅차다는 게 그 이유였다. 더구나 일본어도 전혀 알지 못하면서 어떻게 직업을 구해 살 것이냐며 지인들은 모두 한 목소리로 반대했다. 차라리 미국 유학 경험을 살려 영어권 국가에서 먼저 커리어를 쌓은 다음 일본에 가도 늦지 않다고 설득했다.

물론 나도 걱정이 없었던 것은 아니다. 이미 어린 시절 아무런 준비 없이 떠난 미국 유학을 통해 그렇게 떠나는 것이 얼마나 어려움이 많은지 충분히 경험했기 때문이다. 첫 시험에서 빵점을 맞는가 하면 낯선 미국 문화에 적응하느라 속앓이를 많이 하지 않았던가. 그러나 그 고난의 과정은 내가 하나님을 더욱 믿고 의지하는 계기가 되었다. 그래서 나는 일본행이 무모한 도전일지는 몰라도 하나님을 더욱 신뢰하게 되는 또 다른 기회라고 여겼다.

입대 전 회개의 과정을 겪으면서 결심한 것이 하나 있다. 죄로 인해 죽을 수밖에 없었던 내가 주님의 은혜로 다시 살았으니 그 은혜에 보답하며 살아야겠다는 것이다. 이제는 부르심에 따라 복음을 전하는 소명을 감당하고 싶었다. 더구나 복음화율이 낮은 일본이라면 하나님의 무한한 은혜에 보답할 수 있는 더할 나위 없이 좋은 땅이라 생각했다.

확고한 결심이 선 후 일본에 대해 자세히 알아보면서 나는 놀라운 사실 몇 가지를 발견했다. 오늘날 일본의 복음화율은 0.4%에 불과하지만 일본은 1549년에 처음 기독교를 받아들여 한국보다 복음이 먼저 전파된 나라이며, 일본에 복음이 들어간 지 불과 50여 년 만에 70여만 명의 기독교 인구가 생겨났다는 사실이었다.

그러나 서구 열강을 견제하던 도요토미 히데요시의 기독교 추방령에 의해 기독교인들은 박해 당하기 시작했다. 심지어 본보기로 체포된 기독교인들은 귀가 잘린 채 맨발로 교토에서 나가사키까지 죽음의 행진을 해야 했다. 귀가 잘린 곳이 곪아서 끔찍한 고통을 당하며 포승줄에 묶여 끌려간 무리 중에는 어린 소년들도 있었다. 하지만 이들은 조금도 불평하지 않았고 오히려 주를 위해 죽는 것을 큰 영광으로 여겼다고 한다.

1597년 2월 5일 아침, 나가사키의 니시자카 언덕에 세워진 자신들의 십자가를 보자 그들은 기쁨으로 달려가 자기가 달려 죽을 십자가를 끌어안았고, 많은 사람들이 보는 가운데 십자가에 매달린 채 창으로 찔려 피를 흘리면서도 숨이 끊어질 때까지 찬송을 부르고 기도하며 시편을 외웠다고 한다. 당시 사형집행관은 그중 가장 어린 열두 살짜리 루도비코에게 기독교를 부인하면 살려주겠다고 제안했으나 루도비코는 잠시뿐인 인생과 영원한 생명을 바꾸는 것은 의미가 없다면서 가차 없이 거절했다고 한다.

일본이 순교자의 피가 흐르는 땅이라는 사실을 알게 된 후 일본을 향한 하나님의 뜨거운 사랑과 애정이 느껴졌다. 나는 일본을 위해 간절히 기도하기 시작했다.

"저로 하여금 일본을 위해 더욱 깨어 기도할 수 있도록 도와주세요. 순교자들이 흘린 피가 결코 헛되지 않았음을 보게 해주세요."

일본에 가서 무엇을 어떻게 하겠다는 구체적인 계획도 없이 나는 오로지 일본에 가서 복음을 전해야 한다는 사명만으로 일본을 품었다. 그리고 군대에서 남은 기간 동안 기도로써 일본행을 준비했고 제대 후 망설임 없이 곧바로 일본으로 떠났다.

하나님께서 명하신 땅,
일본

두려워하지 말라 내가 너와 함께 함이라 놀라지 말라
나는 네 하나님이 됨이라 내가 너를 굳세게 하리라 참
으로 너를 도와주리라 참으로 나의 의로운 오른손으로
너를 붙들리라 (사 41:10)

나는 단 한 번도 일본에 가 본 적이 없었다. 나를 도와줄 친구나 지인들은 더더욱 없었다. 그래서 나는 일본으로 떠나기 전 인터넷 카페 등을 통해 내가 일본으로 가게 되었으며 도움이 필요하다고 요청했다. 그러던 중 하나님의 인도하심이 있었는지 한 크리스천 가정을 알게 되었다. 그 가정은 선뜻 나를 도와주겠다며 도움의 손길을 내밀었다.

도쿄에 첫발을 내딛던 순간 만감이 교차했다. 하나님의 뜻에 따라 일본 땅에 왔지만 불안함을 완전히 제거할 수는 없었다. 감사하게도 인터넷을 통해 알게 된 그 가족이 나를 위해 공항으로 마중을 나와 주었다.

"인터넷으로만 연락을 주고받다가 실제로 보니 늠름한 군인을 보는 것 같아 든든하네요. 저희 집에서 얼마든지 묵으며 지내도록 하세요."

"여러모로 감사합니다. 이 은혜 잊지 않겠습니다."

"아니에요. 저희 가정도 일본에 처음 왔을 때 주변 분들의 도움을 많이 받았어요. 이제 살 만해졌으니 남에게 베풀며 살아야지요."

그 가정은 잘 알지도 못하는 내게 기꺼이 방을 내주고 일본 생활에 어려움이 없도록 지원해 주었다. 음식이며 여러 가지 물품들도 아낌없이 주었다. 나중에 알게 된 사실이지만, 그

가정은 오래전에 일본으로 이민을 와서 하나님의 도우심으로 어려움을 극복하고 지금은 큰 사업체를 꾸리며 많은 한인들에게 도움을 주고 있었다. 그 가정 덕분에 나는 큰 어려움 없이 일본 생활을 시작할 수 있었다.

그곳에 머문 지 일주일째 되던 날, 더 이상 신세지기가 죄송해서 새롭게 지낼 곳을 알아보기 위해 집을 나섰다.

"현영 씨, 어디 가세요?"

"제가 그동안 신세를 너무 많이 져서 이젠 정착할 만한 집을 알아보러 나가는 길이었어요."

"저희 집에서 지내기가 많이 불편하셨죠? 안 그래도 현영 씨가 찾을 줄 알고 집을 좀 알아봤어요. 저희가 운영하는 부동산에 나온 집인데 좀 오래되긴 했지만 혼자 살기에 불편함은 없을 거예요."

"정말요? 거기까지 생각해 주시다니 어떻게 감사의 인사를 드려야 할지… 정말 감사합니다."

그 가정 덕분에 나는 일본에서의 첫 번째 보금자리도 마련할 수 있었다. 낯선 일본에서 무난히 정착하게 된 것이다.

하나님의 예비하심이 아니고서는 어떻게 이 모든 것을 설명할 수 있을까. 하나님은 나의 필요를 아시고 미리 모든 것을 예비해 놓으셨다. 더욱 감사하게도 한국 교민의 소개로 일본의 한 금융회사에서 일주일에 한 번씩 영어를 가르칠 기회가 생겼다. 정기적으로 일본인과 소통할 기회를 주신 것이다.

새로운 집으로 이사한 후 나는 일본어 공부에 매달렸다. 일본어를 하지 않고는 이곳에서 복음을 전할 수도 직장을 구할 수도 없었기 때문이다. 일본어 공부를 위해선 먼저 한자를 익혀야 했다. 하지만 어릴 때부터 미국에서 공부를 해온 나는 한자를 접할 기회가 거의 없었다. 그렇다 보니 한자는 아무리 외우고 또 외워도 도무지 머릿속에 들어오지 않았다. 하나님의 지혜 없이는 더 이상 진전이 없다고 판단한 나는 간절히 기도했다.

"하나님, 부디 제게 하루빨리 일본어를 습득할 수 있도록 지혜를 주세요. 일본인에게 복음을 전할 수 있을 만큼의 실력을 쌓을 수 있도록 도와주세요."

대학을 졸업한 이후로 책상에 이렇게 오래 앉아 있어 본 적이 있나 싶게 하루에 10시간 가까이 공부에 매달렸다.

일본에 도착한 지 한 달이 지났다. 당시 나는 일주일에 한 번 영어를 가르치는 것 외엔 딱히 경제활동을 하는 것이 없었다. 계속 이렇게 있다가는 허무하게 시간만 보낼 것 같아 걱정되기 시작했다. 하루빨리 일자리를 구해야겠다 싶은 생각에 취업을 위해 여러 회사의 문을 두드렸다. 하지만 일본어를 유창하게 구사하지 못하면 입사가 불가능하다는 대답만 돌아올 뿐 단 한 곳도 내게 면접 기회조차 주지 않았다.

일본인들에게 복음을 전하겠다는 큰 꿈을 안고 왔지만 직장도 구하지 못한 채 제자리걸음만 하고 있는 상황은 나를 조금씩 지치게 했다. 아무리 생각해도 이 문제는 내 힘으로 극복할 수 있는 것이 아니라는 판단이 섰다. 나는 신실하신 하나님께 다시 엎드렸다.

"하나님께서 명하신 땅에 왔습니다. 그러나 아직 일본어 실력이 부족해서 취업도 못하고 제자리걸음만 하고 있어요. 부디 저를 주님의 뜻이 있는 곳으로 인도해 주세요."

혼자서 자취하며 공부하는 것이 결코 쉽지 않았지만 나는 실망하지 않으려 애썼다. 지금 내 처지가 인간적으로 보면 막막하기 그지없지만, 나를 위한 하나님의 계획하심이 반드시 있을 것이란 믿음이 있었다.

어느덧 일본에 온 지 두 달이 지나고 있었다. 하루는 영어를 가르치던 회사의 부사장인 토타니 상한테서 연락이 왔다. 부사장이란 직함이 무색할 정도로 젊은 나이의 토타니 상은 평소 나를 친구처럼 대해 주던 분이다.

"현영 씨, 혹시 이번주 토요일에 시간 있으세요? 제 친구 중에 한 달에 한 번씩 홈파티를 여는 친구가 있는데 현영 씨도 오셔서 일본 친구들을 사귀면 좋을 것 같아서요. 어때요?"

뜻밖의 초대에 나는 흔쾌히 좋다고 하고 며칠 후 홈파티에 참석했다. 처음 나는 이 홈파티가 단순히 지인들끼리 저녁식사를 하는 가벼운 자리인 줄 알았다. 그러나 막상 참석해 보니 그곳은 일본 주류들의 파티라고 할 수 있을 만큼 일본 사회에서 소위 잘나가는 사람들의 사교 모임이었다. 홈파티를 주최한 사람도 큰 사업을 하고 있는 분이었다. 토타니 상 덕분에 나는 그곳에 참석한 다양한 사람들을 소개받았고, 그들과 유쾌한 시간을 보낼 수 있었다.

파티가 끝날 무렵, 그곳에서 알게 된 유타카 상이라는 분이 자신의 집과 방향이 같은 몇 명을 차로 바래다 주겠다고 제안했다. 마침 나도 유타카 상의 집과 방향이 같아 그의 차를 얻어 타고 집으로 향했다. 동석한 사람들이 각자의 목적지에서 내리고 차에는 나밖에 남지 않았다. 덕분에 나는 유타카 상과 짧은 대화를 나눌 수 있었다. 다행히 유타카 상이 영어를 할 줄 알았기에 소통에는 어려움이 없었다.

"현영 씨라고 하셨죠? 어느 회사에서 일하세요?"

"사실 직장에 다니고 있지 않습니다. 일본에 온 지 이제 두 달이 됐는데, 일본어 실력이 부족해서 아직 취업을 못하고 있어요."

"그래요? 그럼 제가 한번 알아봐 드릴까요? 제 명함을 드릴 테니 거기 적힌 이메일로 이력서 한 장 보내 주세요."

"정말 그래도 될까요? 감사합니다. 정말 감사합니다!"

집으로 돌아오자마자 유타카 상의 명함을 자세히 살펴봤다. 알고 보니 그는 일본에서 꽤 규모가 있는 회사의 사장이었다. 나는 지푸라기라도 잡는 심정으로 곧장 컴퓨터 앞에 앉아 유타카 상에게 이력서를 보냈고, 얼마 후 유타카 상으로부터 답변이 왔다. 내가 일본에서 취업할 수 있도록 도와주겠다는 답장이었다. 당시 내겐 이런 도움의 기회조차 얻기 힘든 상황이었기 때문에 유타카 상이 진심으로 고마웠다. 기대가 크면 실망도 큰 법이라지만 그래도 내심 유타카 상으로부터 좋은 소식이 오기를 기다리며 취업을 위한 활동을 계속해 나갔다.

주님,
이번 직장도 떨어진 것 같습니다

사람이 마음으로 자기의 길을 계획할지라도 그의 걸음
을 인도하시는 이는 여호와시니라 (잠 16:9)

유타카 상과 이메일을 주고받은 지 며칠이 안 되어서 거짓
말처럼 한 회사로부터 면접을 보고 싶다는 연락이 왔다. 일본
의 유명 대기업이었는데 신규 사업 확장을 위해 수시로 인력

을 충원하고 있다고 했다. 나에게 더없이 좋은 기회라는 생각이 들었다. 더구나 일본계 회사라서 이곳에 입사한다면 일어와 일본 문화를 빨리 배울 수 있겠다는 기대로 흥분됐다.

면접 당일, 약속 시간보다 한 시간 먼저 회사에 도착했다. 로비에 앉아 주변을 둘러보니 정장 차림의 일본 청년들이 바짝 긴장한 얼굴로 앉아 있었다.

'오늘이 나뿐만 아니라 이미 예정된 신입사원 면접 날인가?'

나는 별 다른 생각 없이 내 면접 시간까지 기다리기로 하고 그간 준비해 온 면접 노트를 가방에서 꺼내 들었다. 하지만 너무 긴장한 탓인지 글자가 눈에 전혀 들어오지 않았다. 나는 하는 수없이 노트를 덮고 기도하는 마음으로 내 차례를 기다렸다. 그러는 동안 주변에 앉아 있던 사람들은 자신의 이름이 호명되자 하나 둘 면접실로 들어갔다.

시간이 얼마나 흘렀을까? 좀 오래 걸린다 싶어 시계를 보니 이미 면접 예정 시간을 지나고 있었다. 나는 조금 더 인내하며 기다려 보기로 했다. 그리고 또 한 시간이 흘렀다. 더는 안 되겠다 싶어 서툰 일본어로 안내 데스크 직원에게 물어 보왔다.

"제 이름은 조현영이고, 다섯 시 반부터 면접이 있습니다."

"조현영 씨라고요? 저희 명단엔 그런 이름이 없는데요?"

순간 뭔가 잘못되었다는 것을 직감했다. 어디를 찾아왔냐고 물어 보는 직원에게 회사 이름을 말했더니, 글쎄 회사를 잘못 찾아간 것이 아닌가! 오전부터 너무 긴장한 탓에 한자로 써 있는 회사 이름을 제대로 확인하지 않고 다른 회사에 앉아서 무작정 기다렸던 것이다. 두 다리의 힘이 풀리는 것만 같았다. 하지만 더 이상 지체할 수 없어 서둘러 자리를 떴다.

회사를 제대로 찾아갔을 땐 이미 퇴근 시간을 훌쩍 넘기고 말았다. 이렇게 어처구니없는 실수를 한 나 자신이 너무나 원망스러웠다. 시간 약속을 무엇보다 중요시 여기는 일본 문화를 이미 잘 알고 있었기 때문이다. 소중한 기회를 그냥 놓쳐 버릴지도 모른다는 생각이 나를 좌절하게 만들 무렵, 사무실 입구를 빠져나오는 한 직원이 눈에 띄었다. 나는 그 직원을 붙잡고 무작정 면접을 보러 왔다고 말했다. 어설픈 내 일본어를 알아들었는지 아니면 정장 차림을 보고 눈치를 챘는지 그 직원은 사무실로 돌아 들어가 인사 담당자를 불러 왔다. 나는 다시금 자초지종을 설명하고 면접을 보게 해달라고 간청했다.

"죄송하지만 현영 씨를 면접 보기로 하신 임원들은 지금 자리에 안 계십니다. 퇴근 시간도 지났으니 이만 돌아가 주시기 바랍니다."

순간 눈물이 왈칵 쏟아질 것 같았다. 하지만 이대로 포기할 수는 없었다. 다시 한 번 담당자를 붙잡고 꼭 면접을 보게 해달라고 한참을 사정했다. 애절하게 간청하는 내가 가여워 보였는지 그는 다시 한 번 확인해 보겠다며 사무실로 들어갔다. 한참 뒤에야 다시 나온 담당자는 뜻밖에 기쁜 소식을 전했다.

"다행이네요. 현영 씨에게 면접 기회를 주기로 했습니다. 이쪽으로 들어오시죠."

그야말로 하나님의 도우심이었다. 그렇지 않다면 면접 시간에 한 시간 이상 지각한 내게 면접 기회를 줄 리 만무했기 때문이다.

"미국에서 오래 살다가 한국에서 군복무를 마치고 일본으로 오시다니 참 독특한 분이네요. 시간은 조금 늦었지만 그럼 면접을 진행하도록 하겠습니다."

면접은 세 명의 면접관과 장장 세 시간에 걸쳐 진행되었다. 너무나도 긴장한 탓에 세 시간 동안 어떤 질문과 대답이

오갔는지 도무지 기억나지 않는다. 그렇게 면접을 마치고 나자 나는 기진맥진했다. 시간이 길기도 했지만 잔뜩 긴장한 몸이 한순간에 풀리면서 탈진해 버릴 것만 같았다.

겨우 몸을 가누고 집으로 돌아온 나는 면접에 지각한 사실이 계속 마음에 걸렸다. 그때부터 하나님께 매달렸다.

"하나님께서 친히 주신 기회를 제 실수로 놓쳐 버린 것은 아닌지 두렵습니다. 부디 주님의 뜻대로 하시되 이왕이면 이 회사에 합격할 수 있도록 도와주세요."

늘 하나님의 인도하심에 순종하겠다고 고백해 왔지만 당시 나는 매일같이 할 일 없이 지내던 터라 마음이 무척 조급해진 상태였다. 매 시간 면접 결과를 확인하기 위해 이메일을 들락날락거리며 노심초사했다. 이미 일본에 온 지 석 달째라 한국에서 가져온 돈도 바닥을 보이고 있었고 하루의 생계를 걱정해야 할 정도까지 이르렀다. 이러다가 한국으로 다시 돌아가야 하는 것은 아닌지 불안했다. 그런 탓에 기도만 하면 하나님을 졸라 대는 나를 발견할 수 있었다.

면접을 본 지 보름이 지나도록 회사에서는 아무런 연락이 없었다. 그날도 평일 저녁 예배를 가기 위해 집을 나서다가 혹시나 하는 마음에 이메일을 확인했지만 역시나 아무런 연락도 없었다. 보름이 지나도록 아무런 연락이 없다는 것은 곧 불합격이라는 뜻이 아닐까 싶어 낙심이 되었다.

무거운 마음으로 교회에 도착하니 찬양이 막 끝나고 목사님의 설교가 시작되었다. 하지만 말씀은 귀에 들어오지 않았다. 설교가 끝나고 기도 시간이 되어 고개를 숙이는데 주책 맞게 눈물이 쏟아져 내렸다. 그동안 마음고생을 해서인지 눈물은 쉴 새 없이 흘러내렸다.

"하나님, 이번 직장도 떨어진 것 같습니다. 지난 3개월 동안 부지런히 준비하고 계속해서 도전했지만 이젠 힘에 부치네요. 저 이제 어떻게 해요."

하나님 한 분만 믿고 낯선 일본 땅에 발을 내디뎠던 나였다. 이곳에 적응하기 위해 밤낮으로 일본어 공부에 매진하며 나에게 주신 사명을 위해 열심히 취업 준비를 했다. 하지만 계속된 낙방으로 나의 심신은 너무도 지쳐 있었다. 내가 넘기에 일본은 너무나 험난한 산처럼 느껴졌다. 그저 무릎 꿇고 앉아서 울고 또 울었다.

"하나님, 이번 회사는 이제 그만 포기하려 합니다. 앞으로 하나님만 붙잡을 테니 주님께서 제 앞길을 책임져 주세요. 아셨죠?"

　나는 그렇게 이번 회사를 하나님 앞에 내려놓았다. 질끈 감은 두 눈 사이로 눈물이 멈추지 않았다.

　기도를 마치고 교회를 나서려는데 너무 많이 운 나머지 두 눈이 퉁퉁 부어 앞이 잘 보이지 않았다. 집으로 향하는 지하철을 타려고 서 있는데 유리창에 비친 내 모습은 인정하기 싫지만 영락없는 실업자, 아니 패배자였다. 순간 부모님의 얼굴이 떠올랐다. 무작정 한국을 떠나면서 많은 걱정을 끼쳐 드렸는데, 이렇게 직장도 없이 일본 거리를 배회하고 있으니 부모님께 너무나 죄송하고 면목이 없었다. 반대를 무릅쓰고 건너온 일본인데 전도는 고사하고 직장조차 없다는 사실에 너무나 서글펐다.

　집에 도착하자 시계는 이미 자정을 가리키고 있었다. 샤워를 마치고 잠자리에 들기 전 습관처럼 컴퓨터 앞에 앉았다. 아무런 생각 없이 컴퓨터를 켜고 이메일을 확인했다. 그런데 내가 모르는 사람으로부터 이메일이 한 통 와 있는 것이 아닌가. 자세히 보니 발신처는 보름 전 면접을 본 바로 그 회사였다. 이미 회사를 내려놓겠다고 기도하고 온 나는 더 이상 아무런 기대도 하지 않았다. '이젠 정말 미련 갖지 않도록 불합격 통보를 확실하게 받는구나'라는 생각을 하며 메일을 열었다.

'합격을 축하드립니다!'

순간 나는 내 눈을 의심했다. 눈이 통통 부어 잘못 본 건 아닐까 하여 눈을 비벼 가며 몇 번이나 다시 확인했다. 하지만 컴퓨터 화면은 틀림없이 '합격'을 알리고 있었다. 다시 한 번 눈가에 눈물이 고였다. 이번엔 환희의 눈물이었다. 꼭 가고 싶던 회사를 완전히 내려놓고 오로지 하나님 한 분만 붙잡겠다고 고백한 바로 그날 합격 통보를 받은 것이다.

지금 돌이켜보면 아쉬울 것 하나 없는 유타카 상이 잠시 스쳐 지나갈 수 있는 나를 위해 물심양면으로 도와준 것은 하나님의 철저한 계획하심이었다. 하나님은 이번 일을 통해 하나님만 붙잡겠다는 내 입술의 고백을 듣기 원하셨다. 인간의 방법이 아닌, 오직 하나님만 의지하는 나를 기다리셨던 것이다. 나는 다시 한 번 살아 역사하시는 하나님께 감사와 영광을 올려드릴 수밖에 없었다. 할렐루야!

믿음의 가정을
만나다

그러므로 누구든지 나의 이 말을 듣고 행하는 자는 그
집을 반석 위에 지은 지혜로운 사람 같으리니 (마 7:24)

커튼이 드리워진 창문 틈으로 따뜻한 햇살이 들어왔다. 눈
이 부셔 얼굴을 찡긋거리다 때마침 울린 알람 소리와 함께 기
지개를 켜고 자리에서 일어났다. 여느 때와 다름없이 아침이

밝았지만 여느 아침과 다른 느낌이었다. 그렇다. 오늘은 내가 그렇게 손꼽아 기다리던 일본에서의 첫 출근 날이다. 일본 땅에서 취직을 해 첫 출근을 한다는 감격에 내 가슴은 벅차올랐다. 말끔하게 출근 준비를 마친 뒤 집을 나서기 전 마음을 가다듬고 하나님께 기도했다.

"주님, 부족한 제가 이렇게 직장을 다닐 수 있도록 인도해 주셔서 감사합니다. 그보다 저의 연약한 마음으로 인해 행여 하나님을 놓치게 될까 두려웠는데 그런 저를 굳세게 붙잡아 주셔서 감사해요."

지하철을 타러 가는 발걸음이 유난히 가벼웠다. 골목을 지나는 길에 상점 유리창에 비친 정장 차림의 내 모습이 낯설기도 했지만 얼굴에서는 미소가 떠나지 않았다. 얼마 전 울며 기도하고 돌아온 날 지하철 유리창에 비친 내 모습과는 사뭇 달랐다.

설렘 반 긴장 반으로 조심스레 회사에 들어섰다. 그런데 놀랍게도 많은 직원들이 나의 입사를 반기며 축하해 주었다. 그들의 따뜻한 환영 인사에 긴장했던 마음은 눈 녹듯이 사라지고 기대감으로 가득 채워졌다. 나의 빠른 적응을 위해 많은 직원들이 도움을 아끼지 않았고 그중에 부사장인 칸노 상이 나를 세심하게 챙겨 주었다. 그는 IT 분야에서 여러 권의 전문 서적을 발간했을 정도로 회사에서 능력을 인정받고 있었는데 회사 내에 몇 안 되는 크리스천이기도 했다. 나 역시 크리스천 이란 사실을 들어서였을까, 칸노 상은 여러 모로 서툰 나를 위해 입사 첫날부터 많은 신경을 써 주었다. 부사장으로서 한낱 신입사원에 불과한 나를 보살펴 주는 일이 쉽지 않음을 잘 알기에 나는 늘 그에게 고마운 마음을 가지고 있었다.

그러던 어느 날 칸노 상이 내 자리로 와서는 일어가 서툰 나를 배려해 영어로 이렇게 말했다.

"현영 씨, 저희 집이 며칠 전에 이사를 해서 이번 주말에 집들이를 하는데 괜찮으면 놀러 오겠어요? 저희 가족이 한국 문화를 좋아해서 현영 씨가 오면 굉장히 좋아할 거예요. 나도 현영 씨한테 한국의 크리스천 문화를 듣고 싶고요."

일본에서 크리스천 가정을 만나기란 결코 쉬운 일이 아니기에 반가운 마음으로 흔쾌히 칸노 상의 집에 방문하기로 했다.

칸노 상의 집들이 날 그의 집에 들어서자 칸노 상 부부와 자녀들이 나를 반갑게 맞아 주었다. 그런데 나를 맞이하는 아이들의 인사가 끝이 없다 싶어 둘러보니 칸노 상 부부 곁에는 그들을 꼭 닮은 여섯 명의 아이들이 서 있었다. 일본에서는 물론 한국에서도 이렇게 아이가 많은 집은 본 일이 없었다. 나는 신기한 마음에 실례를 무릅쓰고 칸노 상에게 자녀를 많이 낳게 된 이유를 물어 보았다.

"한 생명이 천하보다 귀하기 때문입니다. 천하보다 귀한 생명을 여섯이나 두었으니 저희 부부는 이미 큰 복을 누리고 있는 것이죠. 그러고 보니 현영 씨는 쌍둥이 조카가 있다고 했죠?"

"네. 몇 달 전 누나가 건강한 쌍둥이를 출산했습니다. 그러고 보니 저희 누나 가정도 복을 두 배로 받은 것이군요. 미처 몰랐던 사실이네요."

생명이 귀함은 누구나 알지만 그 생각을 실천에 옮기기가 쉽지 않을 텐데, 칸노 상 부부는 당당히 몸소 실천하며 살고 있었다. 칸노 상의 자녀가 여섯이나 되다 보니 한창 뛰어놀기 좋아하는 어린아이들부터 갓 스무 살을 넘긴 청년까지 집 안은 시끌벅적했지만 화기애애한 모습이 참 보기 좋았다.

잠시 후 나는 다과를 먹다가 놀라운 사실 하나를 알게 되었다. 칸노 상 부부가 여섯 자녀 모두를 홈스쿨링으로 교육한다는 사실을 듣게 된 것이다.

"칸노 상, 특별히 아이들을 홈스쿨링으로 교육시키는 이유가 있나요?"

"세상의 가치관이 아닌 하나님의 가치관으로 아이들을 양육하기 위해서죠."

"그렇군요. 직장 일을 하면서 아이들을 가르치는 게 쉽지는 않았을 것 같은데…."

"하나님의 은혜였죠. 처음에는 힘이 들었지만 지금은 오히려 잘했단 생각이 들어요."

칸노 상의 말대로 하나님의 가치관으로 자란 덕분일까. 아이들의 얼굴에는 세상 욕심이나 그늘이 없었다. 학교와 사회에서 수없이 경쟁하며 전쟁 같은 하루하루를 살아온 나와는 달리 아이들은 해맑고 순수했다. 천국 시민의 모습이 이 아이들의 모습이 아닐까 하는 생각이 들 정도였다.

'아이들의 교육 수준이 일반 학교 교육을 받는 아이들보다 못하지 않을까' 하는 생각에 내심 걱정도 들었다. 하지만 이런 생각은 단순한 오해였음을 잠시 후에 알게 되었다. 청년인 칸노 상의 큰아들과 큰딸은 영어를 유창하게 구사했을 뿐 아니라 짧은 대화 중에도 탁월한 지적 능력이 풍겨났다. 더욱이 대학을 다니지는 않았지만 자신의 전문 분야가 뚜렷했으며, 한 눈에 봐도 예의 바르고 상대방을 존중하는 태도가 몸에 배어 있었다. 이렇게 여섯 명의 자녀를 하나님의 방법으로 멋지게 키운 칸노 상 부부가 존경스러웠다.

어느덧 저녁 식사 시간이 되어 칸노 상 가족과 식탁에 둘러앉았다.

"오늘은 막내가 식사기도를 해줄래?"

"네, 아빠. 하나님 아버지, 조현영 형제를 저희 집으로 초대해 주셔서 감사합니다. 다같이 맛있는 저녁식사를 하며 좋은 교제를 나눌 수 있도록 도와주세요. 아멘."

"아멘."

우리는 화기애애한 분위기 속에서 맛있게 저녁식사를 즐겼다.

"현영 씨, 회사 생활은 어때요?"

"아직 일본어 실력이 부족해서 힘들기는 하지만 하나님의 지혜로 열심히 노력하고 있습니다."

"그런데 현영 씨는 어떤 이유로 일본에 오게 된 거죠?"

"사연이 많지만 결정적으로 하나님의 뜻을 따라 이곳으로 왔습니다. 하나님을 모르는 일본인들에게 복음을 전하라는 마음을 주셨거든요."

"그래요. 참으로 감사한 일이네요. 현영 씨 같은 분들이 일본으로 더 많이 와서 많은 일본 사람들이 하나님을 알게 되면 좋겠네요."

식사를 하며 듣게 된 얘기지만 칸노 상 역시 주변 사람들에게 하나님의 사랑을 전하고자 여러 모로 힘쓰고 있었다. 자신이 저술한 책에 하나님 이야기를 담는다든지, 가족사진으로 손수 만든 엽서에 성경 구절을 넣어 직원들에게 나눠 줌으로써 자연스럽게 하나님을 전하고 있었다. 동시에 그는 회사에서 그의 인격과 삶 자체로 예수 그리스도의 향기를 풍기는 상사였고, 그런 그를 많은 직원들은 존경하며 따랐다.

칸노 상의 가족을 보면서 일본은 비록 기독교 인구가 적지만 그들의 삶은 하나님의 성품과 많이 닮았다는 생각을 했다. 실제로 기독교 인구가 5%를 넘고 소위 복음화 되었다고 하는 나라들에서도 칸노 상의 가족처럼 온전히 하나님의 가치관을 따르며 사는 가정을 찾기는 쉽지 않다. 주일이면 교회에 나가지만 삶은 세상의 기준에 따라 살아가고, 차지도 뜨겁지도 않

Behold, how good and plea

なんと良く、なんと楽しいことか。

when brothers dwell in unity!

ヘとつになって住むことは。詩篇133

칸노 상이 회사 직원들에게 나누어 준 성경 구절이 담긴 엽서.
"보라 형제가 연합하여 동거함이 어찌 그리 선하고 아름다운고"(시 133:1)

은 미적지근한 신앙생활을 하는 사람들이 더 많지 않은가. 칸노 상의 가정처럼 하나님의 가치관을 따라 산다면 그곳이 바로 천국이 아닐까 하는 생각이 들었다. 그들을 보며 나는 지금부터라도 내가 활동하는 영역에서 세상의 가치관이 아닌 하나님의 가치관을 따라 살며 하나님의 온전한 뜻을 이루어 드리는 선한 청지기가 되어야겠다고 다짐했다.

일본 최고 금융 세일즈맨, 덴다 상

그들이 날마다 성전에 있든지 집에 있든지 예수는 그리
스도라고 가르치기와 전도하기를 그치지 아니하니라

(행 5:42)

하나님으로부터 받은 사명을 따라 일본에 온 지도 벌써 1년
이 다 되어 갔다. 일본은 예상했던 것보다 더욱 하나님의 존재

가 보이지 않는 땅이었다. 그곳은 약 800만 개의 우상과 각종 사이비 이단이 난무하는 곳이었다. 더욱이 도시든 시골이든 절을 자주 접할 수 있었고, 천황제와 조상숭배 문화는 국민의 삶에 깊게 뿌리박혀 있었다.

그간 수많은 해외 선교사들이 파송돼 선교를 하고 있지만 '선교사의 무덤'이라는 말이 나올 정도로 복음에 대한 일본인들의 반응은 무덤덤했다. 그렇기에 나는 이 땅의 복음과 부흥을 위해 더 많이 무릎을 꿇어야 한다고 생각했다. 물론 그러던 중에도 하나님이 느껴지지 않아 포기하고 싶을 때도 많았다. 하지만 일곱 번을 넘어지더라도 다시 일곱 번 일어나야 하는 것이 그리스도인의 사명이라 믿고 이를 악물었다.

일본 생활에 완전히 적응하고 직장과 교회 봉사로 바쁜 시간을 보낼 즈음 일본인 친구들로부터 홈파티에 초대받는 일이 잦아졌다. 덕분에 나는 다양한 일본인 친구들을 사귈 수 있었다. 하지만 내 마음은 늘 그들에게 복음을 전해야 한다는 사명감에 불타올랐다.

그날도 한 친구로부터 초대를 받고 친구의 집을 향하면서 기도했다.

"하나님, 오늘도 홈파티에 참석합니다. 부디 그곳에서 분위기에 휩쓸려 주님을 놓지 않도록 도와주시고, 술 권유에도 뿌리칠 수 있는 힘과 지혜를 주세요. 특별히 그곳에 주님의 복음을 들어야 할 자가 있다면 저를 사용해 주세요."

시간에 맞춰 들어선 친구의 집에는 놀랍게도 유명 사업가와 정치인들이 참석해 있었다. 그중 유난히 사교성이 좋아 보이는 30대 중반의 남자가 한눈에 들어왔다. 지금껏 봐 온 일본인들과 사뭇 다른 느낌이었다. 친구를 통해 그가 일본 최고의 금융 세일즈맨이며 매년 수십억을 버는 비즈니스맨이라는 사실을 알게 되었다. 수려한 외모와 자신감 넘치는 태도의 그를 보는 순간 '저런 사람이 복음 전도자가 되면 일본의 많은 영혼들이 구원받을 수 있겠다' 싶었다. 나는 그에게 먼저 다가가 말을 걸었다.

"처음 뵙겠습니다. 저는 조현영이라고 합니다."

"반가워요. 저는 덴다라고 합니다. 아까 얘기 들었는데 영어를 잘하신다면서요?"

"네. 어릴 때 미국에서 오래 살았거든요."

"그래요? 안 그래도 요즘 영어 과외 선생님을 찾고 있었는데 저 좀 가르쳐 주시면 안 될까요? 돈은 얼마든지 드리겠습니다."

"돈은 됐습니다. 그럼 함께 시간을 잡아 보도록 하죠."

그날 이후 나는 퇴근 후면 덴다 상을 만나 정성껏 영어를 가르쳐 주었다. 파티에서 그를 처음 본 순간부터 하나님의 가능성과 계획하심을 엿보았기에 그를 위해 시간을 내는 것이 전혀 아깝지 않았다. 오히려 이를 계기로 일본 최고의 세일즈맨인 그가 예수님을 구주로 영접하길 기도했다.

덴다 상과 오랜 시간 영어 수업을 진행하며 서로에 대한 신뢰가 쌓이자 하루는 그에게 하나님을 전하기로 결심했다.

"덴다 상, 저는 오늘 덴다 상에게 하나님을 소개하려 합니다. 이 세상은 하나님께서 친히 지으셨고 그분의 아들인 예수님께서는 이 땅으로 내려와 우리의 죄를 위해 십자가에서 피 흘려 돌아가셨습니다. 우리는 이런 예수님을 우리 삶의 구주로 영접해야만 천국에 갈 수 있답니다."

혹시 그가 나의 예기치 않은 말을 듣고 불쾌해하거나 당황하면 어쩌나 내심 걱정했는데 오히려 내가 하는 말에 묵묵히 귀 기울였다. 잠시 후 그가 대답했다.

"어릴 때 어머니께서 하신 말씀이 있어요. 하늘에는 분명이 세상을 만든 전능자가 존재한다고요."

"맞아요. 그분이 바로 하나님이랍니다. 그분을 알고 싶다면 교회에 가서야 해요."

"하지만 저는 지금껏 절을 다녔습니다. 저 같은 사람이 교회에 가도 될까요?"

"물론이에요. 일요일에 저와 함께 교회에 갑시다."

놀랍게도 그는 나의 권유를 흔쾌히 받아들였다. 아마도 지금까지 내가 무료로 영어를 가르친 것에 대한 보답의 마음도 있었을 것이다.

주일이 되어 나와 함께 교회에 온 덴다 상은 담담해 보였다. 딱히 거부감도 없고 그렇다고 기대에 찬 표정도 아니었다. 하지만 그가 교회에 두 번째 오던 날 하나님은 그의 마음을 만지셨다. 예배를 드리던 중 그가 눈물을 훔치는 것이었다. 손수건으로 계속해서 눈물을 닦던 그가 나는 마냥 신기해 보였다. 예배가 끝난 후 그가 내게 말했다.

"현영 씨, 저를 교회에 데려와 줘서 고마워요. 너무나 오랫동안 제가 돈을 좇으며 술과 벗했고, 방탕한 삶을 살았다는 것을 오늘 깨달았습니다. 돈과 술이 줄 수 없는 기쁨을 교회에서 찾은 느낌이에요."

순간 기쁨과 환희의 눈물이 내 앞을 가렸다. 나는 하나님께 영광을 올려드리며 그를 껴안고 기도해 주었다.

"살아 계신 하나님, 감사합니다. 덴다 상을 이곳으로 불러 주시고 그에게 인생의 참된 기쁨이 무엇인지 알게 해주셔서 감사합니다. 이제부터는 덴다 상이 예수님 안에서 변화된 삶을 살 수 있도록 인도해 주세요."

기도를 마칠 무렵, 덴다 상의 질끈 감은 눈에선 또다시 눈물이 흘렀다. 잃어버린 한 영혼이 천하보다 귀하다고 하신 주님이 이로 인해 천국에서 기쁨의 큰 잔치를 벌이겠구나 싶어서 나는 더없이 행복했다.

하나님을 만난 덴다 상은 하루가 다르게 변해 갔다. 교회에 세 번째 오던 날 그는 자신의 세 아이를 데려왔다. 자신이 찾은 이 귀한 복음을 아이들에게도 전하고 싶다는 것이었다. 그날 나는 그의 둘째 딸이 정신지체아임을 처음으로 알게 되었다. 둘째 딸은 이미 초등학교에 진학하고도 남을 나이였지만 정신 연령은 한 살배기 수준이었다. 그런 딸에게 덴다 상은 늘 빚진 마음으로 살아가는 듯했다. 그래서인지 거리에서 장애인이나 노숙자를 보면 무척이나 안타까워하는 그의 모습을 자주 목격할 수 있었다.

덴다 상이 교회에 온 지 한 달이 지났을 무렵 그가 내게 물었다.

"현영 씨, 교회를 다니면 헌금이란 걸 하죠? 저도 헌금을 하고 싶은데 어떻게 하는 건가요?"

"네, 십일조란 헌금이 있습니다. 소득 중에 하나님의 것인 십분의 일을 드리는 것이지요. 십일조는 나의 모든 소득과 소유의 주인이 하나님이심을 고백하는 것이랍니다."

"그래요? 그럼 십의 이조를 드려도 되나요?"

"네? 십의 이조요? 물론 안 될 것은 없지만 괜찮으시겠어요?"

"네, 제가 받은 은혜에 비하면 아무것도 아니죠."

교회를 오래 다닌 사람도 하기 어려워하는 것이 헌금이다. 그런 헌금을, 그것도 십의 이조를 드리겠다는 덴다 상이 대견해 보였다. 또한 하루가 다르게 믿음에 믿음을 더하시는 하나님의 은혜에 감사했다. 이후로도 시간이 날 때마다 그에게 영어를 가르치면서 내가 알고 있는 복음을 아낌없이 전해 주었다. 다행히 복음에 대한 그의 이해도는 매우 높았다. 신앙의 연륜이 없으면 좀처럼 이해하기 힘든 영적인 부분도 열린 마음으로 받아들였다. 나는 그에게 나의 책(Nothing is Impossible)을 선물하며 하나님을 더욱 잘 알 수 있도록 도와주었다.

하루는 덴다 상이 내게 물었다.

"현영 씨 책에 20일간 금식기도를 했다고 적힌 내용을 봤어요. 금식기도는 왜 하는 거죠?"

"덴다 상, 우리는 모두 죄인입니다. 예수님의 십자가 보혈로 하루하루 정결함을 입지 못하면 우리의 삶은 더욱더 죄 가운데 빠질 수밖에 없습니다. 저는 금식기도를 하면서 나의 죄를 회개했답니다."

"현영 씨, 저도 금식기도를 통해 제가 지난날 지은 죄를 회개하고 싶어요. 어떻게 하면 되나요?"

"금식을 통해 나 자신을 비우고 오로지 하나님만 의지하며 회개 기도 하면 돼요. 하루가 다르게 정결해지는 자신을 발견할 수 있을 것입니다."

금식기도가 결코 쉬운 일이 아니므로 이렇게 말하면서도 내심 걱정이 되었다. 하지만 하나님께서는 그에게 권능을 더하셨다. 덴다 상은 그날부터 금식에 들어가 정확히 3일간 물만 마시며 직장을 다녔고 새벽예배에 나와 자신의 죄를 낱낱이 회개했다. 나는 이런 덴다 상의 굳은 의지와 열정을 보고 다시 한 번 하나님의 은혜에 감사했다. 덴다 상은 사교성이 좋아 교회 안에서도 집사님들과 장로, 권사님들의 관심과 사랑을 독차지하며 올바른 신앙인으로 성장해 나갔다.

십일조 헌금과 회개의 금식기도를 실천한 덴다 상에게 하나님은 큰 복을 허락하셨다. 그가 운영하던 회사가 더욱 크게 성장한데다 오랫동안 좋지 않던 부부관계도 회복되기 시작한 것이다. 신앙 안에서 나날이 성장해 가는 그를 바라보며 나는 하나님께 찬양과 감사를 올려드렸다. 나는 단지 그를 교회로 인도하고 기도해 주었을 뿐인데 하나님은 그를 구원하고 삶을 변화시켜 주셨다.

하나님은 덴다 상에게 비전도 주셨는데, 그는 자신의 돈으로 일본에 많은 교회를 짓고 싶다고 했다. 교회를 건축할 때 반드시 장애인 시설도 함께 지어 장애인들이 교회 안에서 보호받을 수 있도록 하겠다는 구체적인 계획까지 설계했다. 나는 덴다 상을 통해 역사하실 하나님을 기대하며 그를 진심으로 축복해 주었다.

내 삶에 침투한
은밀한 죄

그러므로 너희가 회개하고 돌이켜 너희 죄 없이 함을
받으라 이같이 하면 새롭게 되는 날이 주 앞으로부터
이를 것이요 (행 3:19)

학창 시절 부모님과 떨어져 오랜 시간 혼자 미국에서 지
내다 보니 끼니를 제때 챙겨 먹지 못해서 위장병을 앓곤 했다.

더구나 다른 사람들에 비해 예민한 성격이라 조금만 신경을 써도 위가 쓰리고 누군가 내 위벽을 손톱으로 긁는 것 같은 아픔을 느끼곤 했다.

일본에서 자취하던 어느 날에도 갑자기 위가 아파 왔다. 다시금 위장병이 도진 것이다. 안 되겠다 싶어 약을 먹어 보기도 하고 병원에도 가 봤지만 차도가 없었다. 와중에 어릴 때 앓던 허리 통증까지 발병해 더욱 고통스러웠다. 한창 공부하던 학창 시절에 장시간 책상 앞에 앉아 공부할 때면 신경을 콕콕 누르는 듯한 아픔이 찾아왔었다. 물리치료도 받고 자세 교정도 해봤지만 통증은 나아지지 않았다. 그 신경통이 일본에서 재발한 것이다.

어느 날 아침, 여느 때처럼 기도를 하려고 몸을 일으키려는데 갑자기 허리가 끊어질 듯 아파서 움직일 수가 없었다. 예전과 비교할 수 없을 만큼 고통이 심했다. 시간이 지나도 통증이 사라지지 않아 그날은 아무것도 하지 못하고 꼼짝없이 누워 있었다. 그나마 출근하지 않는 토요일이라서 다행이었다. 그러나 엎친 데 덮친 격으로 위까지 아파서 음식도 먹을 수 없었다. 자리에 누워서 내가 할 수 있는 일이라곤 오로지 기도밖에 없었다. 그동안 내 안에 쌓여 있던 죄가 얼마나 크길래 이런 아픔이 찾아왔나 생각하며 이전보다 더 깊이 회개 기도를 했다.

최근에 지은 죄부터 회개하는데 내가 미처 깨닫지 못한 죄들이 생각났다. 그중 나를 가장 오랜 기간 괴롭힌 음란의 죄가 떠올랐다. 음란은 이따금씩 내 본성과 원초적 욕망을 직접적으로 자극했고 다른 어떤 유혹보다 뿌리 깊고 끈질겼다.

TV와 인터넷을 무분별하게 접하면서 자연스레 세상의 저질 문화에 무방비하게 노출되었던 것이 문제였다. 어릴 때부터 버라이어티 토크쇼를 시청하며 암묵적인 음담패설을 듣고, 성적 욕구를 자극하는 대중 가수들의 현란한 춤과 노래를 따라 했으며, 드라마와 영화를 통해 나도 모르는 사이 물질만능주의를 동경했다는 것도 생각났다. 나는 이러한 매체가 나를 이토록 죄 가운데로 이끈다는 것을 미처 깨닫지 못했었다.

하지만 하나님과 친밀한 관계를 맺고 그분의 임재를 경험한 후 세상 문화를 무분별하게 접하는 것이 내 신앙에 얼마나 큰 장애가 되는지 알게 되었다. 밤에 잠을 청할 때면 어김없이 그날 접한 세상 문화가 머릿속에 떠올라 나도 모르는 사이 음란한 생각을 하곤 했다. 그때마다 회개하며 기도했지만 틈만 보이면 음란한 생각이 다시 수면으로 떠오르곤 했다. 이러한 죄를 물리치지 못했을 때 얼마나 참담한 결과를 맞을지 나는 직감으로 알 수 있었다.

> 분명히 사람은 자기의 시기도 알지 못하나니 물고기들이 재난의 그물에 걸리고 새들이 올무에 걸림 같이 인생들도 재앙의 날이 그들에게 홀연히 임하면 거기에 걸리느니라 (전 9:12)

무엇보다 나의 은밀한 죄가 하나님의 마음을 아프게 한다는 사실에 가슴이 아팠다. 그래서 가장 먼저 세상 문화와 멀어지기 위해 TV를 보지 않기로 결단했다. 인터넷도 업무를 하거나 찬양 혹은 설교를 들을 때를 제외하곤 최대한 멀리했다. 드라마와 영화는 아예 가까이하지도 않았다. 나는 이렇게 해서라도 나의 습관적인 죄들과 멀어지고 싶었다. 그래야만 더 깊은 하나님의 임재 가운데로 들어갈 수 있다고 믿었다.

세상 문화를 멀리하면서 금식으로 하루하루 회개의 삶을 보낸 지 몇 달이 흘렀다. 주일 아침 잠에서 깨어 눈을 떴는데 이게 웬일인가. 오랫동안 나를 괴롭히던 위장병과 허리 통증이 전혀 느껴지지 않았다. 오히려 건강할 때보다 더 몸이 가뿐했다. 나는 곧장 교회로 달려가 감사기도를 드렸다.

"하나님, 제가 세상 문화를 멀리할 수 있는 힘을 주시고 제 병을 치료해 주셔서 진심으로 감사합니다."

기도를 한 후 문득 이 아픔들은 오랜 기간 세상에서 묻은 때와 죄로 인한 것이고 이제는 오랜 회개 기도로 상당 부분 해결받았다는 생각이 들었다. 신기하게도 그날 이후 지금까지 위장병이나 허리 통증이 재발하지 않았다.

당시 나와 함께 교회에서 신앙생활을 하던 친구들 중에는 육체적으로 또는 정신적으로 고통받는 친구들이 적지 않았다. 나는 회개 기도를 통한 치유의 기쁨을 친구들에게 전하며 회개 기도의 중요성을 알려주었다. 그들도 나와 같은 자유함을 누리도록 돕고 싶었기 때문이다. 하지만 그들의 반응은 의외로 차가웠다.

"현영아, 우리한테 회개하라고 말하는 네가 교만하다고 생각되지 않니?"

친구들은 회개를 권유하는 내가 잘난 척하는 것 같고 그들을 가르치려 든다고 생각하는 듯했다. 그리고 그때부터 나를 대하는 그들의 태도는 180도 바뀌었다. 분명 내 뜻과는 달랐지만 나는 그들에게 상처를 주고 말았다. 예전과 달리 나를 차갑게 대하는 그들에게서 나 또한 상처를 받을 수밖에 없었다. 나는 답답한 마음에 하나님께 기도했다.

"하나님, 회개의 중요성을 깨닫고 친구들에게 회개를 권유했으나 오히려 그들에게 큰 상처를 준 것 같습니다. 만약 제가 교만했다면 부디 저를 용서해 주세요. 그리고 그들에게도 회개의 중요성을 깨우치는 은혜를 베풀어 주세요."

일본에 와서 허물없이 지내던 몇 안 되는 사람들이 바로 교회 친구들이었는데 이들과 보이지 않는 벽이 생기자 교회에 가는 것이 불편해졌다. 아무리 하나님께 부르짖고 친구들에게 가까이 다가가려 해도 생각처럼 쉽지 않았다. 오히려 시간이 지날수록 서먹해지기만 했다. 교회에서 예배를 드리고 봉사를 마치면 친구들과 특별한 교제 없이 곧장 집으로 돌아오는 횟수가 늘어나기 시작했다. 그저 이 시간이 하루빨리 지나가기를 간절히 바랄 뿐이었다.

이번 일을 겪으면서 회개는 결코 거저 주어지는 것이 아님을 깨달았다. 하나님의 은혜가 아니면 회개할 수 없는 것이다. 예수님이 "회개하라 천국이 가까이 왔느니라"고 선포하셨을 때 이스라엘은 예수님을 십자가에 못 박았다. 예수님이 회개를 외치며 얼마나 외로우셨을까 생각하니 괜히 죄송스런 마음이 들었다.

그렇게 몇 달이 지났다. 여느 때처럼 예배를 마치고 불편한 마음으로 얼른 교회를 벗어나려는데 그동안 나와 얼굴을 붉히며 지내던 한 친구가 다가오더니 갑자기 나를 끌어안았다.

"현영아, 그동안 많이 힘들었지? 우리가 널 많이 오해했던 것 같아. 네가 진심으로 우리를 위해 해준 말이었는데… 실은 최근에 하나님께서 내게도 회개를 깨우쳐 주셨어. 내가 죄인임을 깨달았단다."

내 기도가 응답된 것일까? 하나님의 살아계심을 다시 한 번 확신하는 순간이었다. 그 친구는 잠시 머뭇거리더니 이런 고백을 했다.

"난 교회에서 리더의 자리에 있음에도 불구하고 실은 오래 전부터 음란 사이트에 중독되어 살아왔어. 이것이 죄라는 것을 알고 있었지만 아무리 노력해도 내 힘으론 끊기 힘들더구나."

힘없이 고개를 떨군 그의 얼굴에는 근심이 가득했다. 교회에서 새신자들을 양육하고 성경공부를 인도하던 그는 행여 남들이 자신의 죄를 알게 될까 봐 조마조마한 마음으로 지냈다고 했다. 무엇보다 남들 앞에선 아무리 거룩해 보여도 하나님은 자신의 죄를 아신다는 사실이 그를 더욱 힘들게 했다. 내가 그를 위해 해줄 수 있는 것은 기도밖에 없었다.

"네 마음 충분히 이해해. 나 역시 음란의 죄 때문에 오랫동안 남모를 고통을 겪었단다. 하지만 하나님께서는 우리가 회개하면 우리의 죄를 묻지도 정죄하지도 않는다고 하셨어. 죄를 지으면 짓는 만큼 회개함으로 하나님께 더 가까이 나가자. 분명히 하나님께서 도와주실 거야."

친구는 자신의 은밀한 죄로 고통 중에 있었지만 다행히 그는 하나님에 대한 열정이 남달랐다. 무엇보다 하나님을 가슴 깊이 사랑했다. 이후 그는 매일같이 교회에서 하나님께 통곡하며 기도했다.

그러던 어느 날 그 친구로부터 전화가 왔다.

"현영아, 나 지금 너무 기쁘다. 지난 한 주간 단 한 번도 음란 사이트에 접속하지 않았어. 이건 정말 하나님의 은혜야, 은혜! 하하."

회개의 힘이 얼마나 놀라운지 깨닫는 순간이었다. 무엇보다 예수님이 그를 만나 주셨고 친히 치료하고 계시다는 확신이 들었다.

자기의 죄를 숨기는 자는 형통하지 못하나 죄를 자복하

고 버리는 자는 불쌍히 여김을 받으리라 (잠 28:13)

이번 일로 인해 나는 더욱더 회개의 중요성을 깨닫고 진정한 회개를 이루기 위해 노력했다. 그리고 하나님은 내게 더없이 충만한 은혜를 베푸시며 나를 위로하셨다.

속에서 곧 사람의 마음에서 나오는 것은 악한 생각 곧

음란과 도둑질과 살인과 간음과 탐욕과 악독과 속임과

음탕과 질투와 비방과 교만과 우매함이니 이 모든 악한

것이 다 속에서 나와서 사람을 더럽게 하느니라

(막 7:21-23)

죄악 가운데 빠져 있는 사람이건 그렇지 않은 사람이건 우리는 모두 죄인이다. 아담의 후손인 우리는 모두 원죄를 안고 태어났고 오늘날도 끊임없이 죄를 짓는다. 사람의 인내로 죄를 어느 정도 버텨 낼 수는 있어도 죄로부터 영원히 자유로워질 수는 없는 법. 그렇기 때문에 하나님은 우리에게 회개라는 선물을 주셨고, 그 선물은 바로 우리 주 예수 그리스도이시다. 우리는 참된 어린양 되신 예수님을 만나야만 하는 것이다.

놀랍게도 예수님을 만나면 가장 먼저 자신이 죄인이라는 사실을 깨닫게 된다. 이것이 바로 율법에서만큼은 흠이 없던 사도 바울이 예수님을 만나 자신은 '죄인 중에 괴수'라고 고백한 이유이고, 베드로가 죄인인 자신을 떠나 달라고 예수님께 애원한 이유다. 그러므로 누구든 진정으로 예수님을 만나면 회개의 봇물이 터진다. 예수님의 밝은 빛이 우리의 어두운 내면을 밝게 비추기 때문이다. 따라서 예수님을 자신의 구주로 인정한 사람에게는 회개함의 증표가 나타난다. 회개를 통해 예수님이 주시는 진정한 자유함을 누리는 우리가 되길 기도한다.

내가 너희에게 이르노니 이와 같이 죄인 한 사람이 회개하면 하늘에서는 회개할 것 없는 의인 아흔아홉으로 말미암아 기뻐하는 것보다 더하리라 (눅 15:7)

내게 임하신
성령님

진리의 성령이 오시면 그가 너희를 모든 진리 가운데로

인도하시리니 (요 16:13)

"사랑하는 성도 여러분, 성령 받으세요! 성령을 받아야만
우리의 삶이 변화될 수 있습니다."

하루는 주일 예배 때 목사님의 설교를 통해 성령님의 존

재에 대해 새롭게 알게 되었다. 성령님을 항상 내 삶에 가까이 모셔야 한다는 말씀을 듣고 기도할 때면 "성령님, 내게 임하여 주세요"라고 속삭이곤 했다. 감사하게도 내가 기도를 통해 간절히 바라면 바랄수록 마음이 뜨거워지며 점점 내게 성령님이 임하심을 느낄 수 있었다.

내 삶에 임하신 성령님은 온화한 인격을 가지신 분이며 말로 형용할 수 없는 천국의 기쁨을 주시는 분이다. 동시에 나의 흉악한 죄를 깨닫게 하시고 회개로 인도하셨다. 그분의 임재 가운데 거할 때 나는 마치 샤워를 방금 마친 것처럼 개운하고 가뿐해짐을 느꼈다. 성령님과 함께라면 유혹이 많고 험한 세상 가운데서 넘어지지 않고 당당히 복음을 외칠 수 있을 것 같았다.

> 오직 성령이 너희에게 임하시면 너희가 권능을 받고 예루살렘과 온 유대와 사마리아와 땅 끝까지 이르러 내 증인이 되리라 하시니라 (행 1:8)

예수님이 승천하시기 전 제자들에게 마지막으로 당부하신 말씀은 "성령받아라!"였다. 제자들은 예수님의 말씀에 순종하여 마가의 다락방에서 기도하며 성령님을 기다렸고 모두가 성령을 받는 역사를 체험했다. 성령을 받은 제자들은 전과는 다른 사람으로 거듭났고 성령으로 말미암아 열방을 향해 담대하게 복음을 외칠 수 있었다.

한번은 회사 휴가 기간 동안 잠시 한국에 들러 기쁨의교회에서 간증 사역을 하기로 했다. 이 사역이 있기 두 달 전부터 매일 퇴근 후면 교회에 들러 내가 만나는 영혼들을 사랑할 수 있는 힘을 주시고 성령님이 함께해 달라고 기도했다.

간증 예배가 있기 전날 밤, 사역을 위해 준비 기도를 드린 후 일찍 잠을 청했다. 평소보다 깊은 잠에 빠진 나는 그날 밤 꿈을 꾸었다. 꿈속에서 나는 어느 교회 예배당에 있었는데, 그곳에 임한 성령님의 강한 임재로 인해 몸을 주체할 수가 없었다. 잠시 후 예배당에 있던 교인들이 눈물을 흘리며 하나님을 찬양하는 모습이 보였다. 잠에서 깬 후에도 꿈이 너무 생생해서 잠시 동안 꿈인지 생신지 구분이 되지 않을 정도였다.

마침내 기쁨의교회에 도착한 나는 그날도 어김없이 신령과 진정으로 간증에 임하였다. 나는 간증을 마친 후 몇몇 학생들의 비전을 묻고 축복하는 시간을 갖고자 했다. 이때 용기 있는 두 학생이 손을 번쩍 들었고 나는 그들을 강대상 앞으로 불러 축복하며 기도해 주었다.

바로 그때 기이한 일이 벌어졌다. 나는 단지 축복기도를 해주었을 뿐인데 두 학생이 흐느끼며 울기 시작한 것이다. 더욱 놀라운 것은 함께 기도하던 성도들 사이에서도 울음이 터져 나왔다. 성령님의 강한 임재가 순식간에 예배당을 휘감고 있다는 것을 느꼈다. 전날 꿈을 꾸며 느꼈던 바로 그 성령의 임재였다. 나 역시 기도를 하며 내 의지와는 상관없이 눈물을 쏟고 있었다.

우리는 그렇게 30여 분 동안 예정에 없던 통성기도를 드리며 성령님의 임재를 더욱 간구했다. 그 자리에 참석한 다른 청소년과 청년들도 강대상 앞으로 나와 하나님께 통곡하며 자신의 비전을 위해 회개함으로 부르짖었다. 이날 성령님은 그 자리에 참석한 수많은 성도들의 가슴을 어루만지셨고 그들을 위로하셨다.

간증 예배가 끝나고, 전날 꾼 꿈이 하나님이 주신 것임을 확신하며 집으로 돌아와 어머니께 그날 일어난 일을 말씀드

간증 후 두 학생을 위해
기도해 주는 순간
성령님이 강하게 임하셨다.

렸다.

"이제껏 많은 간증 사역을 해왔지만 오늘처럼 성령님의 임재를 강하게 경험한 것은 처음이에요. 분명 제가 알지 못하는 무엇인가가 있었어요. 오늘 일어난 일은 결코 제 힘이나 의지가 아니었거든요."

"현영아, 성령님은 인격적인 분이기에 간절히 찾는 자에게만 역사하실 수 있단다. 아마도 네가 그분을 간절히 구했기에 오늘 너와 함께해 주신 것 같구나."

성령을 보내 주시겠던 예수님의 언약의 말씀대로 성령님을 간구했던 내게 그날 성령님이 임재하신 것이다. 나는 하나님께 깊은 감사와 찬양을 올려드렸다.

며칠 후, 강대상 앞에서 내게 축복기도를 받은 남학생으로부터 한 통의 이메일을 받았다. 그의 이메일을 통해 당시 나만 성령님의 임재를 경험한 것이 아니란 사실을 알게 되었다.

"저는 현재 대학생이며 일본 유학을 준비 중인 학생입니다. 사실 조현영 형제님의 간증 전날 형제님의 책을 보며 '나와 비슷한 면이 많다'고 생각했습니다. 무언가 하나님께서 간증을 통해 내게 하실 말씀이 있을 거라는 기대감도 갖게 하셨고요. 그런데 그날 형제님의 간증 내용 중 군대를 제대할 즈음 하나님께서 일본 땅에 가라고 말씀하셨다는 얘기를 듣고 갑자기 망치로 머리를 크게 맞은 느낌이었습니다. 먼저 하나님이 주신 동일한 비전을 품고 그것을 이루기 위해 힘쓰는 또 다른 청년이 있다는 사실에 감사하였고, 하나님께서 일본에 두신 어떠한 뜻을 급박하게 진행하고 계신다는 계시를 받았습니다.

간증을 마치신 형제님이 학생들을 부르실 때 제가 손을 든 것이 아니라 누군가가 제 손을 올린 느낌이었습니다. 저는 원래 사람 많은 곳에서 나서는 것을 별로 좋아하지 않거든요. 강대상 앞에서 형제님과 손을 잡고 기도할 때는 성령님의 강한 임재를 느끼며 일본 땅의 부흥을 우리를 통해 하나님께서 직접 이루실 것이란 강한 믿음을 주셨습니다. 그리고 지금껏 살면서 한 번도 보지 못한 밝고 새하얀 빛을 보았는데 그 빛이 너무나 밝아 처음에는 제게 조명을 가까이 비춘 줄 알았습니다. 하지만 지금 생각해 보면 그것이 조명이 아닌 성령의 빛이었던 것 같습니다. 성령님께서 그 자리에 저희와 함께하시는 것 같았습니다."

　그 남학생의 이메일을 읽고 나는 다시 한 번 내가 경험한 성령님을 확신할 수 있었다. 또 그날 임한 성령님의 임재는 어린 학생들의 삶을 바꾸어 놓기에 충분했다는 것을 한 학부모의 이메일을 통해 알게 되었다.

　"기쁨의교회 간증예배에 중3인 딸과 함께 참석한 학부모입니다. 성전 안에 들어서자 성령의 은혜가 넘쳐흘렀고 자리에 앉는 순간 눈물이 쏟아져 나왔습니다. 예배를 드리며 성령님의 강한 임재를 느낄 수 있었습니다. 놀라운 사실은 예배 후 달라진 딸의 모습이었습니다. 그 모습을 보고 이렇게 감사의 마음을 전하지 않을 수가 없었습니다. 제 딸은 이제껏 뜨뜻미지근한 신앙생활을 해오다가 간증예배에 참석한 후 40일 금식기도를 시작하였고, 수요예배와 금요예배를 모두 참석하게 되었습니다. 또한 매일 성경을 읽고 말씀을 묵상하며 방언으로 기도하고, 때로는 가족을 위해 요리를 해주는

등 너무나 달라졌습니다. 하나님께 감사와 영광을 돌려
드립니다."

어린 학생의 삶이 변한 것은 결코 우연이 아니다. 성령님
의 권능은 우리의 삶을 송두리째 변화시키며 삶에 열매를 맺
게 하신다.

그러면 어떻게 해야 우리 삶에 성령님이 임재하실까?
첫째, 예수님을 삶의 중심에 모셔야 한다. 예수님의 영은
곧 성령님이다. 그렇기에 예수님을 내 삶의 구주로 영접하고
그분의 존재를 인정하는 것이 성령님을 내 삶에 모시는 방법
이자 구원을 하루하루 이루어 나가는 길이다.

둘째, 회개를 통해 우리의 삶을 거룩함과 정결함으로 가꾸
어야 한다. 우리가 죄악 가운데 있다면 밝은 빛이신 성령님이
임하실 수 없다. 따라서 자신을 정결히 하기 위해 끊임없이 회
개 기도를 해야 한다. 단, 입으로만 하는 회개 기도가 아닌 진
정에서 우러나오는 기도를 해야 한다. 내가 참된 죄인임을 깨
닫고 눈물로 하나님께 모든 죄를 고백해야 한다.

셋째, 간절함 없이는 결코 성령을 받을 수 없다. 성령님은

하나님과 같이 인격적인 분이다. 예수님의 제자들이 마가의 다락방에서 성령님이 오실 때까지 간절히 기도하며 기다린 것처럼 성령을 받을 때까지 비록 오랜 시간이 걸리더라도 끊임없이 간절히 구해야 한다.

넷째, 순종해야 한다. 내 자아를 십자가에 못 박고 삶을 하나님께 완전히 내어 드려야 한다. 그분께 모든 것을 아뢰고 고난과 연단이 찾아오더라도 하루하루 순종하는 삶을 살아야 하는 것이다.

> 오직 성령의 열매는 사랑과 희락과 화평과 오래 참음과
> 자비와 양선과 충성과 온유와 절제니 이같은 것을 금지
> 할 법이 없느니라 (갈 5:22-23)

성령님이 임하시면 우리는 비로소 하나님의 성품을 닮게 된다. 우리의 마음속에 천국이 임하기 때문이다. 또한 성령님은 우리에게 권능을 주신다. 우리는 그 권능으로 주님의 복음을 전하는 세상의 빛과 소금이 되어야 함이 마땅하다.

Part 3

도전

여호수아 세대여 일어나라

향유 옥합을
깨뜨리다

마리아는 지극히 비싼 향유 곧 순전한 나드 한 근을 가
져다가 예수의 발에 붓고 자기 머리털로 그의 발을 닦
으니 향유 냄새가 집에 가득하더라 (요 12:3)

휴가를 맞아 가족과 친구들을 만나러 잠시 한국에 나왔다.
때마침 주일이 끼어 있어 예배를 드리고 고등학교 때 알고 지

내던 친구들과 식사를 하며 이야기를 나눴다. 식사 중에 한 친구가 말을 꺼냈다.

"지난달 월급으로 얼마 전 상장된 회사의 주식을 조금 샀는데, 요즘 주가가 팍팍 오르게 해달라고 기도하고 있어."

"그래? 난 주식형 펀드를 들었는데 일반 주식보다 훨씬 안전하다고 하더라."

옆에 앉아 있던 친구들이 하나둘씩 월급을 투자해서 어떻게 단기간에 큰돈을 벌 수 있는지 핏대를 올리며 열띤 토론을 했다. 그때 한 친구가 내게 물었다.

"현영이 넌 요즘 어디에 투자하고 있니?"

"주식? 난 하는 거 없어."

"그럼 주식 말고 펀드하니?"

"아니, 없는데…."

모두 의아한 눈으로 나를 쳐다보았다. 직장인이라면 당연히 적게나마 투자해야 한다고 생각하는 친구들의 눈에 비친 나는 마치 딴 세상 사람인 듯했다. 당시 나는 중국에 있는 북한 탈북자를 위한 선교센터를 짓기 위해 내 수입의 반 이상을 선교헌금으로 지출하고 있었기에 투자는 생각도 못하고 있었다. 순간, '이런 내가 바보인가'라는 생각이 머릿속을 스쳐 지나갔다.

어릴 적 어머니로부터 나의 돈은 모두 하나님의 것이니 돈에 욕심을 내면 안 된다고 배웠고 실제로 그렇게 살려고 노력해 왔다. 그래서 '하나님은 내 마음 아시겠지'라고 생각하며 바보 같다는 허탈함을 달랬다.

그러고 나서 며칠 후, 오랜만에 학창시절 선배를 만났다. 대학 시절 함께 취업 활동을 했던 선배로 졸업 후 처음 만나는 것이었기에 무척 반가웠다. 그런데 선배의 얼굴은 예전처럼 밝아 보이지 않았다. 오히려 무슨 근심이 있는 것처럼 표정이 어둡고 예전과 달리 눈빛이 무척 날카로워져 있었다.

"현영아, 나 얼마 전에 새로운 직장으로 스카우트 됐다."

"오, 축하해! 어디로 옮겼어? 형 대학 졸업하고 싱가포르로 가서 컨설팅 회사에서 일했잖아."

"미국 대기업으로 이직했어. 연봉도 이젠 억대야. 이 회사에서 연봉을 10억까지 올리는 게 새로운 목표야. 현영이 너도 얼른 분발해라. 남자로 태어났으면 못해도 10억은 벌어야 사회에서 인정받을 수 있다."

인생의 탄탄대로를 달리고 있는 선배의 소식에 흐뭇하면서도 한편으론 왠지 모르게 씁쓸한 마음이 들었다. 세상은 그에게 많은 물질과 명예를 안겨 주었지만 형의 순수하고 해맑은 미소를 앗아 간 것 같았기 때문이다. 선배는 그동안 번 돈으로 최근 새로운 사업에 투자해서 큰 성과를 거뒀다면서 내게 잠재력 있는 사업에 투자하라고 충고했다. 선배의 말에 고개는 끄덕였지만 왠지 모를 안타까움에 집으로 돌아와서도 한동안 그날 일을 잊을 수 없었다.

얼마 후 일본으로 돌아와 한 부흥집회에 참석했다. 부흥회 기간 동안 많은 은혜를 누리며 하루하루 하나님을 더욱 갈망했다. 하루는 그곳의 한 전도사님으로부터 기도를 받게 되었는데 그분은 기도를 해주시며 내게 이렇게 말씀하셨다.

"형제님의 마음에 하나님에 대한 열정이 큽니다. 형제님은 곧 향유 옥합을 깨뜨려 하나님께 영광 올려 드릴 것입니다."

그때는 전도사님이 무슨 말씀을 하시는지 잘 이해가 되지 않아 그냥 흘려들었다. 그런데 부흥회 마지막 날 기도 중에 나의 향유 옥합을 하나님을 위해 깨뜨려야 한다는 강한 마음이 들기 시작했다. 그 마음이 얼마나 강하던지 향유 옥합을 깨뜨리지 않으면 평생 죄책감에 시달릴 것만 같았다.

나의 향유 옥합. 그것은 내가 어릴 때부터 지금까지 차곡차곡 모아 둔 은행 예금이자 나의 전 재산이었다. 나는 돈을 벌기 시작하면서 수익의 절반에 가까운 헌금을 하는 습관을 길러왔다. 그럼에도 불구하고 하나님은 오히려 넘치는 은혜를 부어주셔서 내 은행 통장에는 돈이 차곡차곡 모아져 갔다. 그 순간, 한국에서 기도 동역자들과 함께 기도할 장소가 필요하다고 했던 어머니의 말씀이 떠올랐다.

'그래, 내가 지금까지 모아 둔 돈으로 어머니께 기도할 수 있는 장소를 마련해 드리자.'

많지는 않지만 조그마한 기도 장소 정도는 마련할 수 있을 것 같았다. 집에 돌아와 곧장 어머니에게 전화해서 이런 나의 생각을 전했다.

"얼마 전에 기도 동역자들과 함께 기도할 수 있는 장소가 필요하다고 하셨죠? 제 통장에 있는 돈을 기도처 구입에 보태라는 마음을 주셨어요. 그러니 그 돈으로 필요한 장소를 구하시면 될 것 같아요."

기뻐하시리라고 생각했던 어머니의 반응은 의외로 덤덤했다.

"현영아, 네가 힘들게 저축한 돈으로 하나님의 일을 하는 것은 좋은 생각이다만 일단 하나님께 좀 더 기도해 보자꾸나."

할 수만 있으면 수입의 절반이 아니라 전부를 하나님께 드리고 싶었다. 나는 하나님의 소유를 맡고 있는 청지기일 뿐이므로 내게 있는 모든 것을 드리는 것이 당연하다고 생각했기 때문이다.

그 일이 있고 나서 얼마 후 어머니한테 전화가 왔다.

"현영아, 오늘 엄마가 아는 한 선교사님께서 엄마에게 기도 장소를 마음껏 사용하라고 하셨단다."

"정말요? 하나님의 은혜네요. 한편으론 아쉽기도 해요. 저는 제 돈이 그 일에 사용되길 바랐는데…."

"엄마 생각엔 너의 그런 기특한 마음을 하나님께서 이미 받으신 것 같구나. 하나님께서 네 마음을 보시고 선교사님을 통해 역사하신 것이지."

나는 어머니의 말씀을 들으며 하나님께서 그분의 자녀에게 진정으로 원하시는 것은 물질이 아니라 마음의 중심임을 다시 한 번 되새기게 되었다.

나는 어릴 때부터 생활비를 아끼고 아껴서 가난한 목회자와 선교사들을 위해 헌금하는 어머니의 모습을 보고 자랐다. 그런 어머니의 헌신을 흡족히 여기시고 하나님은 우리 가정에 물질의 복을 허락해 주셨고 덕분에 나는 큰 어려움 없이 자랄 수 있었다. 그리고 그런 어머니의 신앙의 유산은 자연스럽게 내게 전해졌다.

하루는 하나님께 이런 기도를 드린 적이 있다.

"하나님, 제 주변에 물질적으로 힘들어하는 사람이 있나요? 그 사람을 저에게 붙여 주셔서 그를 돕게 해주세요. 제게 주신 물질이 하나님이 뜻하시는 곳에 온전히 흘러가길 원합니다."

이러한 기도를 드린 지 한참이 지나도 하나님은 특별한 응답을 주지 않으셨다. 그렇다고 무작정 아무한테나 도움의 손길을 내밀 수도 없는 노릇이었다. 그렇게 한 달이 지났을 무렵, 회사에 휴가를 내고 동남아시아의 한 나라로 선교 여행을 떠났는데 그곳에서 환경적인 어려움은 물론 물질적인 어려움으로 힘들게 사역하시는 선교사님들을 만나게 되었다. 선교 여행을 마치고 돌아오는 비행기에서 "네 물질이 필요한 사람들이 바로 이들이다"는 성령의 음성이 들려왔다.

하지만 선교사님들에게 어떤 경로로 돈을 드려야 하나 고민이 되었다. 도움을 드리고 싶은 선교사님들을 난처하게 하거나 어떤 형태로든 물질로 시험에 들게 하고 싶지 않았기 때문이다. 그래서 고민 끝에 어머니에게 도움을 요청해 선교사님들께 선교헌금을 전달해 드리기로 했다. 그런데 하나님은 내가 선교헌금을 전달하기 전 다시 한 번 역사를 베푸셨다. 어머니는 오래전부터 과테말라의 한 권사님 가정을 위해 중보기도와 가정상담을 해오셨는데 하루는 그 가정에서 어머니에게 전화해서 느닷없이 예물을 심겠다고 한 것이다.

"집사님, 예전부터 집사님께서 저와 저의 가정을 위해 헌신적으로 기도해 주시고 상담해 주셔서 항상 감사하면서도 죄송한 마음을 가지고 있었어요. 그러던 중 성령님이 제 마음 가운데 예물을 심으라는 음성을 들려주셔서 저는 나름대로 준비했는데 집사님께서 심고 싶으신 곳에 심어 주시면 감사하겠습니다."

지금껏 많은 사역을 하셨지만 이런 경험을 처음하신 어머니는 당황해하셨지만 그 가정의 제안을 받아들이라는 성령님의 음성을 들으셨다고 한다. 그리고 어머니는 그 예물을 내게 주시며 선교헌금에 보태 쓰라고 하셨다. 나는 순간 놀라지 않을 수 없었다. 그 액수가 내가 하려던 선교헌금 액수와 똑같았던 것이다. 이렇듯 하나님은 나의 마음을 받으시고 여러 방법으로 나에게 복을 더하셨다. 이러한 경험들을 통해 하나님의 살아 계심과 그분의 인자하심을 더욱 찬양하게 되었다.

> 만군의 여호와가 이르노라 너희의 온전한 십일조를 창
> 고에 들여 나의 집에 양식이 있게 하고 그것으로 나를
> 시험하여 내가 하늘 문을 열고 너희에게 복을 쌓을 곳
> 이 없도록 붓지 아니하나 보라 (말 3:10)

돈과 명예를 추구하는 물질만능주의가 요즘 젊은이들의 삶에 뿌리 깊게 침투해 있는 것을 자주 본다. 하지만 우리 삶의 목표가 결코 좋은 학벌을 얻고, 좋은 직장에 들어가 돈을 많이 벌고, 명예를 얻는 것이 되어서는 안 된다. 인생의 성공을 세상의 잣대로 판단해서도 안 된다. 우리 인생의 성공 여부는 오로지 하나님의 기준에 달려 있다.

> 마귀가 또 그를 데리고 지극히 높은 산으로 가서 천하
> 만국과 그 영광을 보여 이르되 만일 내게 엎드려 경배
> 하면 이 모든 것을 네게 주리라 (마 4:8-9)

사탄은 세상의 부와 명예를 약속하며 예수님을 유혹했다. 그러나 예수님은 "주 너의 하나님께 경배하고 다만 그를 섬기라"고 외치며 사탄을 쫓아내셨다. 이처럼 우리는 세상의 물질과 명예가 아닌 하나님의 권능을 의지하고 그분의 은혜를 사모해야 한다. 우리 삶의 목적 되신 주님과 하루하루 동행하는 인생이 진정 성공한 인생인 것이다.

우리가 이 세상에 태어난 목적은 단 하나, 하나님을 찬양하고 그분께 영광 돌리기 위함이다. 결코 가루처럼 사라져 버릴 재산을 모으고 화려한 인맥을 쌓으며 쓸모없는 것을 위해 인생을 바쳐서는 안 된다.

우리는 온 우주를 창조하신 위대한 왕의 자녀이기에 왕의 자녀답게 살아야 한다. 왕의 자녀는 이 세상이 주는 물질과 명예에 인생을 걸거나 만족하며 살 수 없다. 오직 하나님이 주시는 은혜의 공급만이 우리를 만족시킬 수 있다. 그러므로 우리는 항상 하나님의 권능을 갈망하고 그분의 임재를 누려야 한다. 그러려면 우리가 붙잡고 있는 그 어떤 것은 분명 사라져야 한다. 하나님을 더욱 사랑하기 원하고 그분이 주시는 참된 기쁨과 평안을 누리고 싶다면 감수해야 할 것이 있는 것이다.

좁은 문으로 들어가라 멸망으로 인도하는 문은 크고 그
길이 넓어 그리로 들어가는 자가 많고 생명으로 인도하
는 문은 좁고 길이 협착하여 찾는 자가 적음이라

(마 7:13-14)

진정한 예배, 그리고
돌파기도

하나님은 영이시니 예배하는 자가 영과 진리로 예배할
지니라 (요 4:24)

"현영아, 나 회심했다."

하루는 어릴 적 나와 함께 교회 찬양 팀에서 봉사해 온 상
호가 일본에 있는 내게 전화해서 느닷없이 말했다. 상호는 드

럼을, 나는 베이스기타를 치며 교회에서 둘도 없는 단짝으로 지냈다. 하지만 우리는 당시 하나님께 찬양드리는 것보다 악기를 치는 것이 더 즐거워 찬양 팀에서 봉사를 했었다.

"현영아, 나 예수님 만나서 술, 담배 완전히 끊고 10년 이상 컴퓨터에 저장해 둔 포르노 영상물 다 삭제했어."

"갑자기 무슨 말이야?"

"예수님이 날 만나 주셨어. 죽을 수밖에 없는 나 같은 죄인을 예수님이 만나 주셨어. 나 이제 구원받았다."

상호는 꽤 진지했다. 어릴 때부터 가까이서 지켜본 친구였기에 그의 이 같은 고백이 믿기지 않았다. 입만 열면 욕이 먼저 나오던 그가 잠시 못 본 사이 천사로 변해 버린 것만 같았다. 도대체 그에게 무슨 일이 일어났는지 궁금했다.

"교회의 힘이 컸어. 반 년 전 제자양육반에 들어갔거든. 성경 말씀을 읽으며 예수님을 자세히 알게 되었어. 신앙을 막연하게만 생각했는데 그게 아니더라. 신앙은 실제고, 하나님은 살아서 역사하시는 분이라는 걸 깨닫게 되었어. 감사하게도 하나님께서 내게 성령의 은혜를 체험하게 하셨어. 세상이 완전히 달라 보이더라고. 그 후 계속 회개 기도만 했어. 성령충만해지니까 술과 담배는 입에도 못 대겠더라고."

"상호야, 축복한다! 하나님께서 너에게 정말 큰 은혜를 베푸신 것 같아 너무 감사하다."

"난 요즘 하루 종일 예수님만 생각해. 이젠 예배드리는 날이 너무나 기다려지고 내 드럼을 통해 영광받으실 하나님을 생각하면 가슴이 벅차."

세상과 벗하며 살던 상호를 하나님께서 강력하게 만지셨음을 알 수 있었다. 다시 한 번 하나님의 위대하심을 찬양했다. 순간, 어릴 적 함께 교회에 다니던 친구들의 모습이 떠올랐다. 그 중엔 안타깝게도 교회를 떠난 친구도 있고, 교회는 다니지만 여전히 온전히 회심하지 못한 친구들도 있다는 것을 깨달았다. 나 역시 하나님의 절대적인 개입이 없었다면 세상과 벗하며 형식적인 종교인으로 살아 갔을 것이다.

너희는 이 세대를 본받지 말고 오직 마음을 새롭게 함으로 변화를 받아 하나님의 선하시고 기뻐하시고 온전하신 뜻이 무엇인지 분별하도록 하라 (롬 12:2).

대학 시절, 아프리카에서 오신 한 흑인 전도사님을 알게 되었다. 첫 만남에도 불구하고 전도사님은 나를 위해 기도해 주셨는데 그때 해주신 말씀이 기억 속에 또렷하게 남아 있다.

"학생은 스물일곱, 여덟이 되어서야 비로소 진정한 예배를 드릴 것입니다."

"네? 그게 무슨 말씀이시죠? 저는 모태신앙인으로 지금껏 주일예배에 빠진 적이 거의 없습니다."

"예배에는 아벨의 예배가 있고 가인의 예배가 있습니다. 하나님께서 받으시는 예배와 받지 않으시는 예배가 구별되어 있다는 말이지요. 시간이 지나면 제가 지금 하는 말이 이해될 겁니다."

당시에 나는 전도사님의 말씀을 전혀 이해할 수 없었다. 그때까지는 주일예배에 참석하는 자체가 하나님께 온전히 예배드리는 것이라고 알고 있었기 때문이다. 하지만 이제는 그 말의 진정한 뜻을 이해할 수 있다.

아무런 준비 없이 일본으로 건너와 하나님 외에 붙잡을 것이 전혀 없는 상황에서 나는 자주 교회에 갔고 그때마다 하나님을 더 깊이 만날 수 있었다. 무엇보다 예배를 통해 하나님을 알아 가는 기쁨이 무엇인지 깨달았다. 예전처럼 사람들과 교제하고 습관처럼 교회에 가지 않게 된 것이다. 그렇다 보니 예배 시간에 지각을 하거나 예배 중에 딴생각을 하던 예전의 내 모습은 온데간데없이 사라졌다.

예배를 드릴 때면 내 마음과 머리는 잔잔한 평안과 은혜로 충만했다. 마음속 깊은 곳으로부터 내가 드리는 예배를 하나님께서 받고 계시다는 것을 느낄 수 있었다. 그렇게 예배를 통해 진정한 자유를 누리게 된 이후 나는 주일뿐 아니라 평일에도 수시로 교회에 가서 예배를 드리게 되었다. 예배를 드릴 때면 내 몸에 붙어 있던 어둠이 사라지는 것만 같았고 성령으로 충만해지는 것을 느꼈다. 대학 시절 만난 흑인 전도사님의 말씀처럼 예전과는 다른 예배를 드리고 있는 나를 보며 그저 신기할 따름이었다.

진정한 예배를 드리기 시작한 후, 나는 다윗 왕처럼 마음껏 춤을 추며 하나님을 찬양하고 경배하기 시작했다. 예전의 나는 '내 행동을 보고 사람들이 어떻게 생각할까?' 하며 주위 사람들의 눈치를 보기에 바빴다. 하지만 지금은 내가 느끼는 대로, 하나님께서 이끄시는 대로 펄쩍펄쩍 뛰며 찬양을 하게 되었다. 법궤를 예루살렘으로 옮겨 오던 다윗이 백성 앞에서 옷이 흘러내리는 것도 모를 만큼 기뻐하며 춤을 추고 찬양을 드렸던 것처럼 말이다. 또 찬양 팀에서 베이스기타를 연주하며 하나님께 찬양을 올려 드리는 일이 얼마나 신이 났는지 도

베이스기타를 연주하며 온 마음과 뜻을 다해 하나님을 찬양했다.
"큰 소리 나는 제금으로 찬양하며 높은 소리 나는 제금으로 찬양할지어다
호흡이 있는 자마다 여호와를 찬양할지어다 할렐루야"(시 150:5-6)

무지 말로는 표현할 수가 없었다.

그 무렵 기도 중, 하나님께서는 내가 영적으로나 사회적으로 더욱 도약하기 원하신다는 것을 알게 됐다. 세상에 치여 때때로 하나님이 주신 사명을 망각하고 무기력해질 때가 종종 있었는데 이제는 새로운 차원의 굳센 믿음이 필요한 때라는 것을 느꼈다. 나는 진실로 하나님 안에서 나의 가능성이 극대화되고 하나님의 뜻 가운데서 열매 맺는 삶을 살고 싶었다.

어릴 때, 나는 알 수 없는 이유로 가슴이 답답하고 두려움에 휩싸일 때가 있었다. 이것을 극복하기 위해 수단과 방법을 가리지 않고 다양한 시도를 해보았지만 매번 실패했다. 도저히 혼자 힘으로는 해결할 수 없어서 교회에서 친하게 지내던 수철이 형에게 털어 놓았다.

"현영아, 내가 하는 말이 이상하게 들리지 모르겠지만 이건 내가 두려움이 생길 때면 사용하는 방법이야."

그러더니 형은 기도를 하며 내 안에 있는 모든 아픈 기억과 상처를 머릿속에 떠올리라고 가르쳐 주었다. 오래전부터 쌓여 있던 아픈 기억과 상처로 인해 마음이 분노로 가득 찼을 때 큰 소리로 악을 지르며 내 안에 있는 어둠을 쫓아내라고 일러주었다. 오랜 시간 두려움에 휩싸였던 나는 지푸라기라도 잡는 심정으로 수철이 형의 조언을 따라 해보기로 했다. 예배 중 모든 사람이 큰 목소리로 찬양을 부르고 있을 때 나는 형이 알려 준 대로 안 좋은 기억들을 상기시키며 악을 지르며 기도해 보았다. 예배 후 깜짝 놀랄 일이 벌어졌다. 오랫동안 나의 가슴을 짓누르던 두려움이 말끔히 사라진 것이다. 나는 그때 수철이 형이 알려 준 기도를 '돌파기도'라고 이름 지었다.

제사장들이 나팔을 불 때에 여호수아가 백성에게 이르되 외치라 여호와께서 너희에게 이 성을 주셨느니라
(수 6:16)

일본에서도 나는 돌파기도를 하기로 마음먹었다. 두려움을 떨쳐내기 위해서가 아니라 영적으로나 사회적으로 한 단계 더 도약하기 위해서였다. 그날도 어김없이 퇴근 후 교회에 들렀다. 예배당에 자리를 잡고 앉은 나는 돌파기도를 위해 나지막한 목소리로 기도를 시작했다. 아무런 잡념 없이 오직 하나님만 바라보며 나의 모든 세포 하나하나가 하나님께 반응할 수 있도록 집중했다. 나는 오직 하나님의 임재만을 간구하

며 방언을 통해 더욱 기도에 몰입했다. 나의 몸과 마음이 온전히 하나님께 집중되었던 바로 그때, 나는 일어나 있는 힘껏 소리치며 선포했다.

"전능하신 나사렛 예수 그리스도의 이름으로 명하노니, 하나님의 사람인 나 조현영은 일본 땅 가운데 믿음으로 더욱 도약하며 승리할지어다!"

예배당이 떠나갈 듯 외치며 하나님 안에서 힘차게 도약을 선언했다. 이렇게 있는 힘껏 30분간 기도를 드리니 온몸에 기운이 쫙 빠져버렸다. 하지만 이전과는 달라진 나를 느낄 수 있었다. 마치 나를 묶고 있던 쇠사슬이 끊어져 자유함을 얻은 기분이었다.

나는 돌파기도로 인해 더욱 깊은 영성으로 하나님의 임재 가운데로 들어가게 되었고 놀랍게도 신앙은 더욱 성숙해져 갔다. 한 가지 신기한 것은 아직 방언의 은사를 받지 못한 지체들이 나와 함께 예배를 드리면서 나의 돌파기도를 듣고는 방언 기도가 터졌다는 것이다. 또 나를 따라 돌파기도를 시작한 어린 학생들한테서도 방언이 터지는 역사가 일어났다. 그리고 나처럼 그들 역시 신앙의 새로운 전환점을 맞이했다. 돌파기도는 또 하나의 축복의 통로였던 것이다.

일본에서 진정한 예배에 대해 깨닫고 돌파기도를 시작한 지 반 년이 지났을 무렵, 내게 크고 작은 기적들이 일어났다. 분명 예전과는 다른 영성이 내게 임해 있었다. 이는 과거와는 달라진 나의 생각과 말투 그리고 태도를 보면 알 수 있었다. 더욱 놀라운 사실은, 나는 영적 도약을 통해 덩달아 사회적으로도 도약하고 있었다. 실수투성인 신입사원에서 벗어나, 회사에서 프로젝트를 맡아 추진력 있게 수행하고 리더십을 발휘하게 된 것이다. 자연스럽게 회사 직원들로부터 인정을 받게 되었고 이전보다 더 많은 책임을 맡게 되었다.

나는 회사를 위해 그리고 내가 추진하는 프로젝트를 위해 하나님께 더욱 목 놓아 기도했다. 일본에서 복음의 사명은 물론 하나님께서 내게 주신 세상의 사명 또한 잘 감당해 내기 위해서였다. 하루하루 나를 이끌어 주시는 하나님을 경험하며 하나님께서 나를 통해 교회만이 아닌 세상에서도 하실 일이 많다는 것을 새삼 느꼈다.

사랑하는 자여 네 영혼이 잘됨 같이 네가 범사에 잘되고 강건하기를 내가 간구하노라 (요삼 1:2)

일본
대재앙

티끌을 자기 머리에 뿌리고 울며 애통하여 외쳐 이르되
화 있도다 화 있도다 이 큰 성이여 바다에서 배 부리는
모든 자들이 너의 보배로운 상품으로 치부하였더니 한
시간에 망하였도다 (계 18:19)

2011년 3월 11일 금요일, 그날도 여느 날과 다름없이 잠

에서 깨어나자마자 기도로 아침을 맞이했다.

"하나님, 오늘도 제가 예수 그리스도와 함께 십자가에 못 박혀 죽고 새 삶을 살 수 있도록 도와주세요."

가벼운 마음으로 출근 준비를 마치고 붐비는 지하철 속에서도 기분 좋게 찬송가를 흥얼거리며 회사로 향했다. 사무실에 도착하자 분주하게 업무를 시작하던 직원들에게 반갑게 아침 인사를 건넸다. 자리로 돌아와 진행하던 프로젝트를 마무리하기 위해 컴퓨터를 켰다. 예전에 비해 업무량이 늘어 힘이 들 때도 있지만, 이렇게 직장이 있고 중요한 프로젝트를 진행한다는 사실이 마냥 행복했다.

점심식사 후 사무실로 돌아와 업무를 다시 시작하려던 그때, 머리가 핑 돌며 현기증이 난 것처럼 머리가 어지러웠다.

'빈혈이 있는 것도 아닌데 왜 이러지? 좀 피곤했나?'

방금 일어난 일을 가볍게 넘기려던 순간 책상 위에 있던 PC 모니터가 흔들렸다. 무슨 일인지 의아해하며 고개를 들어 주변을 살펴보니 "주여…" 회사 건물이 조금씩 흔들리는 게 아닌가!

"지진이다!"

누군가 큰 소리로 외쳤다. 그러자 다른 사람이 "괜찮아요.

이 정도 지진은 아무것도 아니니까 하던 일 계속 하세요" 하며 직원들을 진정시켰다. 일본은 원래 지진이 자주 발생하는 나라여서 미세한 흔들림 정도로는 사람들이 크게 동요하지 않는 듯했다. 오히려 건물이 흔들리는 것이 재미있다며 웃어대는 직원까지 있을 정도였다. 자리에 앉은 채 키보드를 두드리는 사람, 서류 뭉치를 들고 여기저기 뛰어다니는 사람, 마치 아무 일도 없었다는 듯 모두들 다시 업무에 몰두했다.

그렇게 1분가량 지났을 무렵. '쨍그랑!' 하고 무언가가 깨지는 소리와 함께 회사 건물이 심하게 흔들리기 시작했다. 이전과는 다른 강도의 지진이었다. 나는 어떻게든 몸을 가누고 건물 밖으로 대피하려 했지만 흔들림이 너무 심해서 꼼짝할 수 없었다. 지진으로 인해 건물은 거침없이 흔들거렸고 창문이 깨질 듯 흔들리며 책장 위의 책들이 쏟아져 내렸다. 벽에 걸려 있던 액자와 천장의 전등이 하나 둘씩 떨어져 바닥에서 나뒹굴더니 순식간에 아수라장이 되어 버렸다.

사태의 심각성을 파악한 직원들은 모두 어쩔 줄 몰라 했다. 그리고 이내 몇몇 직원들이 비명을 지르자 사무실 안은 공황 상태에 빠져버렸다. 여직원들은 공포에 떨며 울음을 터뜨렸고 재빠르게 책상 밑으로 들어가 몸을 웅크리는 직원들도 있었다. 회사 건물은 이미 걷잡을 수 없을 만큼 흔들렸기에 계단을 통해 밖으로 빠져나가는 것은 엄두도 낼 수 없었다. 창밖을 내다보니 맞은편 빌딩 역시 좌우로 심하게 흔들리면서 벽돌들이 하나 둘 튕겨나왔다. 거리의 사람들은 비명을 지르며 우왕좌왕 뛰어다녔다. 건물 밖의 상황도 그리 좋아 보이지는 않았다. 뒤를 돌아 다시 사무실을 바라보는데, 순간 마음속에 이러한 생각이 들었다.

'이미 예수님과 함께 십자가에서 죽은 내가 두 번 죽는 것이 뭐가 두렵지?'

그러자 내 마음에 알 수 없는 평온이 찾아왔다. 지진의 공포에 대항할 수 있는 담대함이 생겨난 것이다. 나는 다시 자리에 앉고는 눈을 감았다. 어쩌면 잠시 후 나에게 임할지도 모르는 죽음을 맞이하듯 조용히 하나님을 불렀다.

'이제 주님을 만나러 갈지도 모릅니다. 주님의 품에 안겨 영원한 안식을 얻는 곳으로 저를 인도해 주세요. 내 마지막 고백, 오직 주님을 사랑하고 또 사랑합니다.'

건물은 여전히 무너질 듯 심하게 흔들렸고 직원들은 패닉 상태에서 여전히 비명을 질러댔다. 그러나 나는 그 요동 한가운데서 고요한 마음으로 두 눈을 감은 채 앉아 있었다.

시간이 얼마나 흘렀을까? 갑자기 한 직원이 큰 소리로 외쳤다.

"지진이 잠시 멈춘 것 같습니다. 자, 지금이 기회입니다. 모두들 비상구를 통해 탈출하세요. 얼른요!"

그의 말이 끝나기가 무섭게 직원들은 일사천리로 건물을 탈출하기 시작했다. 잠깐이었지만 '평안함 가운데 죽음을 맞는구나' 생각했던 나도 다른 직원들과 함께 건물을 빠져나왔다.

땅에 발을 딛고 올려다본 회사 건물은 다시금 심하게 흔들리기 시작했다. 이제는 다시 안으로 들어가는 것이 불가능해 보였다. 회사 직원들은 혹시나 건물이 무너지지 않을까, 빠져나오지 못한 직원이 있지 않을까 하는 마음에 발을 동동 굴렀다. 잠시 후 한 직원이 다가와 내 어깨를 치며 다급하게 말했다.

"현영 씨, 뭐 하고 있어요? 저희와 함께 빨리 절로 갑시다. 그곳이 가장 안전합니다."

"절이요?"

"네, 회사의 재난 대피 방침이니 따라 주세요."

"죄송합니다만 저는 절에 가지 않겠습니다."

일본 사회에 깊숙이 뿌리박힌 불교사상 때문인지 재난이

발생하면 절로 대피해야 한다는 것이 회사의 방침이었다는 것을 나는 그때 처음 알았다. 이렇게 다급한 상황에서도 나는 그들에게서 심한 이질감을 느꼈다. 순간 건강과 재산을 보호해 준다며 책상 위에 다양한 부적을 올려놓던 직원들의 모습이 뇌리를 스쳤다. 하지만 자연재해 앞에서는 그 어느 부적과 신도 그들을 보호하지 못하는 듯했다.

회사 직원들이 줄을 지어 가까운 절로 대피하고 있을 무렵, 나는 무슨 일이 있어도 교회에 가야겠다고 생각하고는 이내 교회로 발걸음을 옮겼다. 때마침 그날은 금요일이어서 금요예배가 있었다. 그곳에서 하나님께 부르짖으며 일본 땅을 위해 기도해야 한다고 믿었다. 하지만 지진의 여파로 수많은 인파가 거리로 쏟아져 나왔고 대중교통은 모두 마비되어 있었다. 나는 붐비는 사람들 틈을 비집고 걸어서 교회까지 갔다.

평소 같으면 지하철로 20분이면 도착할 거리를 걸어서 3시간 만에 겨우 도착했다. 다행히 교회 건물은 큰 탈이 없어 보였다. 예배당 안에 들어서자 십자가가 나를 기다리고 있었던 듯 두 팔을 벌리고 맞아 주는 것만 같았다. 순간 긴장이 풀리더니 자리에 털썩 주저앉았다.

잠시 후, 예배가 시작되었지만 건물이 계속해서 흔들거리더니 벽에 금이 가는 소리가 들렸다. 그러나 성도들은 이에 동요하지 않고 오로지 하나님께 예배드리는 것에 집중했다.

"여러분, 우리 합심하여 이 땅을 위해 기도합시다! 하나님께서 이 땅을 회복시키실 것을 믿습니다!"

설교를 마친 담임 목사님은 일본의 회복을 위해 기도할 것을 선포했다. 성도들은 통성으로 하나님께 기도하기 시작했다. 나 역시 목이 터져라 하나님께 부르짖으며 일본 땅을 위해 기도했다. 그러다 내 뒤쪽에서 한 여성의 슬피 우는 소리가 들려왔다. 차마 말을 잇지 못하는 기도 소리가 너무나 애절하고 슬펐기에 나는 잠시 기도를 멈추고 뒤돌아보았다. 자세히 보니 그분은 청각 장애인들을 위해 목사님의 설교 말씀을 수화로 통역하는 일본인 성도였다.

"오, 주여… 오, 주여… 제발 이 땅을 구원하소서."

슬피 울며 하나님을 부르짖는 그 성도의 모습은 지금 일본의 상황을 그대로 대변하는 것 같아 가슴 한 편이 아려왔다. 나는 더욱 목 놓아 일본을 위해 기도했다.

그날의 대재앙은 일본인들에게 커다란 충격을 안겨 주었다. 강진으로 인해 수많은 곳이 폐허로 바뀌었고 동북부에 몰아닥친 쓰나미는 수많은 목숨을 앗아 갔다. 더욱이 원자력발전소의 붕괴는 일본 전역을 공포로 몰아넣기에 충분했고, 그 여파로 많은 외국인들이 일본을 떠나버렸다.

나는 그제야 비로소 하나님께서 왜 나를 일본 땅으로 부르셨는지 깨달았다. 복음을 듣지 못하고 하나님을 모른 채 죽어 가는 그들을 위해 중보기도 하라는 부르심이었던 것이다.

'누가 하나님께 눈물로 부르짖어 그들을 구원에 이르게 할 수 있을까?'

하나님을 모른 채 죽어 가는 일본인들을 생각하니 가슴이 미어졌다. 하지만 내 마음을 더 아프게 한 것은 일본에 선교하러 왔다고 자신 있게 말하던 사람들이 대지진의 재앙 앞에 무릎을 꿇고 곧장 모국으로 돌아간 것이었다. 한국 교회도 예외는 아니었다. 줄지어 모국으로 피신하는 일부 한국 교인들의 모습을 지켜봐야 했던 일본 성도들은 적지 않은 상처를 입을 수밖에 없었다. 당시 한인 교회에 다니던 일본 성도들은 갑작스레 한국으로 떠난 사람들에게 실망하여 교회를 떠나기도 했다.

나 역시 가족과 친구들의 걱정이 이만저만이 아니었다. 상황이 더 나빠지기 전에 한국으로 귀국하라는 권유가 수도 없이 이어졌다. 하지만 나는 결코 일본을 등지고 한국으로 돌아갈 수 없었다. 일본은 내 목숨보다 귀한 하나님의 사명을 안고 온 곳이 아니었던가. 나는 무슨 일이 있어도 일본에 남아 이곳을 위해 기도하기로 마음먹었다.

"하나님, 상처받은 일본 크리스천들의 마음을 위로해 주세요. 그리고 이번 지진을 계기로 일본에 부흥이 일어나길 기도합니다."

내가 일본을 위해 할 수 있는 것은 기도밖에 없었다. 나는 목 놓아 기도하고 또 기도했다.

일본의 대재앙을 계기로 나는 하나님께서 일본 땅을 향해 얼마나 애통해하시는지 알게 되었다. 그런 하나님의 마음을 알기에 나는 일본을 품기로 감히 결단했다. 그저 이렇게라도 하나님이 주신 사명을 감당하고 싶은 마음뿐이었다.

너는 정복하고
다스리라

하나님이 그들에게 복을 주시며 하나님이 그들에게 이
르시되 생육하고 번성하여 땅에 충만하라, 땅을 정복하
라 (창 1:28)

참혹했던 대지진이 지나가고 내가 살고 있던 도쿄도 조
금씩 안정을 되찾아갔다. 그 무렵 내가 다니던 회사는 도쿄에서 비행기로 두 시간 떨어진 후쿠오카로 이전을 앞두고 있었다. 언젠가 또다시 대지진이 발생할 수 있다는 걱정과 방사능 위험으로 인해 도쿄보다는 비교적 안전한 후쿠오카로 본사를 옮기기로 한 것이다. 나 역시 회사의 이전에 따라 후쿠오카로 이사를 가기 위해 집을 알아보기 시작했다. 지금까지 하나님께서 내 삶을 인도해 주셨기에 후쿠오카에서도 나를 이끌어 주실 하나님을 기대하며 기도했다.

"하나님, 직장을 따라 후쿠오카로 이사를 갑니다. 지금까지 그러셨던 것처럼 제 발걸음을 인도해 주세요. 하지만 그곳으로 가는 것이 주님의 뜻이 아니라면 저를 막아 주세요."

기도하던 나의 입에서 뜻밖의 말이 흘러나왔다. 후쿠오카로 이사하는 문제로 기도한 것인데 느닷없이 주님의 뜻이 아니라면 막아 달라고 기도한 것이다.

'내가 도쿄를 떠나는 것이 하나님의 뜻이 아닌가?'

이상하게도 그 이후 기도를 하면 할수록 도쿄에 남아야 한다는 생각이 더욱 강해졌다. 함께 기도해 주시던 어머니도 같은 생각이었다.

"그럼 주님께서 뜻하신 곳으로 저를 인도해 주세요."

나는 일단 도쿄에서 다른 직장을 찾아보기로 했다. 도쿄에 남는 것이 진정 하나님의 뜻이라면 나를 위해 분명 새로운 길을 예비해 놓으셨으리라. 나는 그저 하나님의 인도하심을 정확하게 분별하고 그에 순종하고 싶었다.

도쿄에는 일본 자국 회사들부터 세계적인 기업까지 매우 다양한 기업들이 우후죽순 들어서 있다는 것을 새삼 알게 되었다. 하나님이 이렇게 많은 기업들 중에서 나를 어디로 보내실지 몰라 나는 할 수 있는 한 많은 곳에 이력서를 넣기 시작했다. 처음 일본에서 직장을 구할 때 많이 힘들었던 경험 때문에 퇴근 후에는 매일 교회에 들러 하나님의 인도하심을 기대하며 기도했다.

하나님의 기적은 그때부터 일어났다. 처음 일본에 와서 취업을 하려고 했을 당시에는 일본어 실력이 부족해서 이력서를 넣는 곳마다 퇴짜를 맞았다. 그러나 지금은 일본에 첫발을 내딛던 때와는 많은 것이 변해 있었다. 그간 일본어도 많이 늘었고 일본 문화에도 제법 익숙해진 것이다. 무엇보다 내가 일하고 있는 분야의 뚜렷한 이력이 생겼다. 그렇다 보니 이제는 이력서를 넣은 대부분의 회사에서 면접을 보자며 연락이 왔다. 면접 제의가 올 때마다 나는 해당 기업의 정보를 수집하고 꼼꼼한 시장조사를 해가며 면접을 준비했다.

"현재 엔화는 상승하고 있지만 일본 경제는 침체기에 있습니다. 이런 때일수록 해외 진출 사업에 총력을 기울여야 합니다. 일단 해외 기업 인수를 통해 로컬 인력 확보에 주력하십시오. 제가 준비해 온 이 분석 자료의 수치들을 보면 어느 나라를 우선적으로 공략해야 하는지 한눈에 보실 수…."

일본의 한 유명 기업의 최종 면접에서 생각지도 않던 말이 내 입에서 터져 나와 순간 깜짝 놀랐다. 일본에 온 지 채 2년도 안 된 내가 한 기업을 이끄는 사장에게 일본 경제를 논하는 발언을 한 것이다. 더구나 그동안 상상도 못하던 고급 일본 어휘들이 내 입을 통해 쏟아져 나오고 있었다. 이것이 과연 내가 하는 말인가 싶을 정도였다.

할 수 있거든이 무슨 말이냐 믿는 자에게는 능히 하지
못할 일이 없느니라 (막 9:23)

하나님의 권능이 아니고서는 절대 불가능한 일이었다. 면접이 끝날 무렵, 맞은편에 앉아 있던 사장님이 아무 말 없이 고개를 끄덕이더니 입을 열었다.

"자네가 우리 회사에 입사해 주길 바라네."

나는 그 회사로부터 지금의 직장보다 훨씬 높은 연봉과 좋은 조건으로 입사 제의를 받았다. 이 회사는 신규 해외 사업을 담당할 단 한 명의 직원을 뽑기 위해 일본 전역에 구인 광고를 낸 터였다. 그런 곳에 수많은 일본인과 외국인 지원자들을 제치고 한국인으로서 당당히 입사 제의를 받았다는 사실에 가슴이 벅찼다. 나는 묵묵히 하나님께 기도드렸다.

"이번 일도 주님께서 하셨군요. 모든 영광 주님께 올려 드립니다."

하나님의 기적은 여기에서 멈추지 않았다. 다른 회사들로부터 면접 제안이 끊이지 않았던 것이다. 그 회사들은 내가 기대할 수도 없던 세계적인 기업들이었기에 어안이 벙벙했다. 나는 한국에 계신 어머니에게 전화를 걸어 지혜를 구했다.

"어머니, 오늘 최종 면접을 본 회사로부터 입사 제의를 받았어요. 그런데 계속해서 다른 회사들로부터 면접 제안이 들어오고 있는데 어떻게 하면 좋을까요?"

"현영아, 네가 오랜 시간 하나님께 부르짖고 남이 알아주지 않아도 꿋꿋이 교회에서 봉사한 것을 하나님께서 이젠 축복으로 네 삶에 열매 맺게 하시려는 것 같구나. 엄마가 전에도 얘기했지만 너는 지금 여호수아 시대에 살고 있단다. 세계 열방 가운데 우뚝 서서 빛을 발해야 한다는 사명을 잊어서는 안 돼. 하나님께서는 너를 복음 사역자로 사용하실 거야. 결과가 어떻게 되든지 끝까지 하나님만 붙잡으렴."

"무슨 말씀인지 알겠어요. 이 모든 것을 하나님께서 주신 기회로 알고 남은 면접에도 충실히 임할게요."

이후 다른 회사들의 면접에도 충실히 임했다. 그중 유난히 까다롭던 회사가 있었는데 이곳은 일본인들이 가장 이직하고 싶어 하는 회사 중 하나로 성장 속도가 빨라 전 세계 기업들이 주목하는 곳이었다. 그런 만큼 다른 회사들에 비해 면접이 유난히 까다로웠다. 면접은 일어, 영어, 한국어로 총 일곱 번에 걸쳐 진행되었다.

퇴근 후면 매일같이 교회에서 기도하는 데 힘쓰다 보니 실제로 각 면접을 준비할 시간이 턱없이 부족했다. 대신 기도 덕분에 나는 언제나 성령 충만했고 그것은 곧 자신감으로 나타났다. 아무리 깐깐하고 힘든 면접관을 만나도 나는 결코 기가 죽지 않았고 시선을 피하거나 고개를 숙이지 않았다. 하나님께서 나의 등 뒤에서 어깨를 붙잡아 주시니 두려울 것이 없었다.

결국 나는 무사히 마지막 일곱 번째 면접에까지 올라갈 수 있었다. 면접에는 그 회사의 임원 중 한 분이 들어오셨다. 마지막이라는 생각에 나는 더욱 신중하게 임하며 하나님이 주신 지혜로 당당히 면접을 보았다.

그렇게 일곱 번째 면접도 무사히 막을 내리고 그 임원이 내게 말했다.

"조현영 씨, 저희 기업은 현재 세계적으로 다양한 사업을 추진하고 있기 때문에 다른 곳에 비해 업무량이 월등히 많고 스트레스도 많은 것이 사실입니다. 하지만 저는 조현영 씨가 저희 회사에 입사해서 자신의 역량을 세계를 무대로 마음껏 펼칠 수 있기를 바랍니다."

'합격했구나!' 하는 안도의 한숨을 내쉴 틈도 없이 잠시 후 인사 담당자가 들어왔다.

"지난 한 달간 수고 많으셨습니다. 면접을 보신 분들이 만장일치로 조현영 씨를 합격시키기로 결정했습니다. 조현영 씨가 희망하는 연봉을 알려 주세요."

연봉 협상이 처음이라 얼마를 얘기해야 할지 몰라 잠시 머뭇거리다가 이전 회사로부터 제안받은 연봉을 염두에 두고 자신 있게 희망 액수를 말했다.

"좋습니다. 조현영 씨가 방금 전 제시한 연봉에 보너스를 얹어 드리도록 하겠습니다. 부디 저희 회사로 입사해 주시기 바랍니다."

모든 과정을 마치고 회사 문을 나서는데 잔뜩 긴장한 상태에서 놓여나니 다리에 힘이 풀리는 것 같았다. 옆에 있던 벤치에 겨우 몸을 맡겨 잠시 숨을 고르는데 지금까지 이직을 위해 뛰어다니던 모습이 주마등처럼 스쳐 지나갔다. 일본에 와서 첫 직장을 구할 때는 정말 한 치 앞도 모를 만큼 막막하고 캄캄했는데, 채 2년도 안 돼서 상황이 180도나 바뀐 것이 마냥 신기하기만 했다.

그러나 이 순간 나는 어느 때보다 더욱 신중해야 했다. 모든 문제가 그렇지만 특히 진로 문제는 인생 항로를 결정하는 일이기 때문에 신중에 신중을 기해야 한다고 믿었다. 집으로 돌아오는 길에 교회에 들러 목사님을 찾아뵈었다. 하나님의 명철과 지혜를 가지신 목사님이라면 나에게 좋은 조언을 해 주실 것 같았다.

"입사 제안을 받은 두 곳 모두 형제님에게 더없이 좋은 기회인 것 같네요. 더욱이 전 세계로 뻗어 나간 일본 기업이라면 현영 형제가 평소에 품었던 기도 제목과도 일치하고요. 하나님께서 형제님을 이번 기회에 세계를 무대로 더욱 도약시키려는 계획이 있으신 것 같네요. 축복합니다."

목사님의 말씀을 들으니 내게 이런 기회가 주어진 것이 하나님의 계획하심이었다는 확신이 들었다. 집에 돌아와 하나님께 엎드려 기도드렸다.

"하나님, 부족한 제게 한없는 은혜를 베풀어 주셔서 감사합니다. 하나님께서 뜻하시는 회사로 갈 수 있도록 저를 인도해 주세요."

기도를 마치고 나를 인도하실 하나님을 기대하며 잠자리에 들었다.

다음 날 아침, 회사에 출근하여 상사한테 도쿄에 남기 위해 이직을 하겠노라 말씀드리기로 마음먹었다. 그런데 내가 말을 꺼낼 겨를도 없이 상사의 입에서는 뜻밖의 말이 흘러나왔다.

"축하하네, 축하해!"

"네? 축하라니요?"

"최근 우리 회사 글로벌 사업 본부에서 인력충원을 하고 있었는데, 우리 부서에서 당당히 현영 씨가 뽑혔어. 그리고 그 부서는 도쿄에 남기로 했으니 현영 씨는 후쿠오카로 이사를 가지 않아도 되네. 하하."

"네? 정말요?"

믿을 수가 없었다. 도쿄에 남기 위해 그간 열심히 이직 준비를 했는데 이제 와서 도쿄에 남을 수 있게 되다니…. 도대체 하나님의 뜻은 무엇이란 말인가? 그러나 잠시 후 내 안에서 회개 기도가 터져 나왔다.

"하나님, 조급했던 저의 지난 행동들을 용서해 주세요. 하나님께서 제게 도쿄에 남으라는 응답을 주셨을 때 기도하며 인내하기보단 하나님께 묻지도 않고 인간적인 판단으로 이직을 준비했었네요."

한편으론 그럼에도 불구하고 내가 다양한 회사에서 면접을 보는 동안 하나님께서는 나에게 부어주셨던 지혜와 가능성을 확인시켜 주셨다는 사실에 절로 감사가 나왔다.

우여곡절 끝에 하나님의 뜻을 발견한 나는 결국 회사를 옮기지 않기로 마음먹었다. 글로벌 사업 본부에서 하나님께서 나에게 주신 역량을 세계적으로 펼치리라 결심했다.

영성과 전문성을
겸비하라

너희는 세상의 빛이라 산 위에 있는 동네가 숨겨지지
못할 것이요 (마 5:14)

하나님의 은혜로 도쿄에 남게 된 후 새로운 부서로 가게
된 아침, 새롭게 시작하는 설렘만큼이나 하나님께서 앞으로
나를 어떻게 이끌어 가실지에 대한 기대도 컸다. 회사에 도착

해 나를 위해 마련된 자리에 앉아서 제일 먼저 하나님께 기도 드렸다.

"하나님의 권능으로 이곳에서 빛을 발하며 주님께 영광 올려 드릴 수 있기를 바랍니다. 주님, 제게 지혜를 더해 주세요."

기도를 마친 후 컴퓨터를 켜서 먼저 그날 잡힌 스케줄부터 확인했다. 그런데 스케줄표를 확인한 순간 깜짝 놀랄 수밖에 없었다. 나는 아직 이 부서의 분위기나 업무조차 파악하지 못한 상태인데 그날 하루 동안 무려 여덟 개의 회의가 잡혀 있는 것이 아닌가! 뿐만 아니라 첫날부터 내가 소화해야 할 업무량은 상상을 초월할 정도였다. 물론 부서 이동 전 업무량에 대한 주변 사람들의 주의가 있어서 어느 정도 각오는 하고 있었지만 이건 정말 예상 밖이었다. 그렇게 새로운 부서에서의 첫 출근부터 자정을 넘기며 일을 하고는 지친 몸을 이끌고 집으로 돌아왔다. 첫날의 신고식을 톡톡히 치른 셈이다.

다음날도 어김없이 엄청난 업무량이 나를 기다리고 있었다. 그렇게 매일같이 빼곡히 스케줄표를 차지하고 있는 회의와 업무량 때문에 나는 언제나 자정이 되어서야 겨우 퇴근할 수 있었고 때로는 주말까지 일을 해야 하는 상황이 벌어졌다. 어떤 날에는 거래처 사람들과 8시간 넘게 마라톤 회의를 하기도 했다.

특별한 하나님의 계획하심이었는지 한국어, 영어, 일본어를 구사할 수 있던 나는 회사의 주요 사업 계획 중 하나인 해외 사업 확장을 위해 많은 영역에서 쓰임을 받게 되었다. 덕분에 새로운 부서로 옮긴 지 얼마 안됐음에도 불구하고 해외 여러 지사들을 오가며 다방면으로 해외 사업에 기여할 수 있었다. 감사한 일일지는 몰라도, 많은 업무를 도맡아 할수록 회사에서의 나의 책임은 점점 더 무거워졌다. 그리고 어느 순간부터는 내 지식과 능력으로는 도저히 불가능한 프로젝트까지 맡게 되었다.

"하나님, 이것은 제 힘으로는 도저히 불가능합니다. 하나님의 지혜를 더욱 허락해 주세요."

감사하게도 하나님께서는 내게 지속적으로 지혜를 부어 주셨고, 지식과 전문성을 쌓을 수 있도록 인도하셨다. 덕분에 나는 회사 중역을 대신해 여러 계약을 성사시키며 회사에서 능력을 인정받아 초고속 승진을 하게 되었다. 또한 회사를 대표해 강연을 하거나 주재원으로 해외에 나가 지사를 설립하는 중대한 임무를 맡으며 나로서는 감당하기 벅찬 일들이 내 앞에 펼쳐졌다. 모두 내게는 기회이면서 한편으론 도전이었다. 이런 일들이 거듭될수록 하나님께서 분명 나를 사회적으로 도약시키고 있다는 확신이 들었다.

하지만 모든 것이 만족스럽지만은 않았다. 그렇게 회사에서는 승승장구했지만 나의 신앙생활에는 빨간 불이 켜지고만 것이다. 그동안 몰아치는 회사 일들로 너무 바쁜 나머지 신앙생활을 할 수 없는 지경에 이르고 말았다.

이전엔 퇴근 후 교회에 들러 기도할 수 있는 최소한의 시간이라도 있었지만 이제는 더 이상 그런 여유조차 주어지지 않았다. 그렇다고 일을 팽개쳐 둘 수도 없는 노릇이었다. 주위를 둘러보면 대부분의 직원들이 나처럼 야근을 하고 있었다. 직원들 사이에서는 지금처럼 악착같이 일을 하지 않으면 회사에서 인정받기 힘들다는 미묘한 경쟁심마저 흐르고 있었다.

직장인이라면 누구나 고민하게 되는 음주 문화 역시 나의 신앙생활을 힘들게 하는 것 중 하나였다. 한국의 음주 문화는 예전부터 익히 들어 알고 있었지만 일본 직장에서까지 그 문제로 고민하게 되리라고는 생각지 못했다. 하루는 줄곧 나와 함께 일을 해온 상사 한 분이 내게 물었다.

"현영 씨는 술을 안 하나 봐요. 지난 회식 때 보니까 전혀 안 마시는 것 같던데…."

"네, 저는 하나님을 믿기 때문에 술을 안 마십니다."

"그래요? 의외네요. 제가 아는 사람들은 하나님 믿으면서도 술을 마시던데…."

"물론 똑같이 하나님을 믿더라도 신앙의 가치관은 충분히 다를 수 있습니다. 그러니 제가 굳이 술을 마시는 분위기에 휩쓸릴 필요는 없다고 생각합니다."

나는 음주 문화에 있어서는 언제나 단호했다. 분위기와 장단을 맞춰 주기 위해 세속적인 음주 문화를 따를 필요는 없다고 믿었기 때문이다. 물론 이런 나의 행동이 당돌해 보일 수 있고 잘난 척한다는 오해를 살 수도 있지만, 그런 사소한 일들로 내가 손해를 보거나 피해를 입는다면 오히려 하나님께서 책임져 주실 것이라는 믿음이 있었다. 흔히 술자리에서 동료들이나 거래처 사람들과 돈독한 인간애를 맺는다지만 나는 오로지 하나님의 지혜와 실력으로 인정받고 싶었다. 그래서 남보다 더 열심히, 더 악착같이 일을 했는지도 모른다.

그날도 어김없이 자정이 넘어서야 일을 마치고 회사를 나섰다. 얼른 집에 가서 몇 분이라도 더 자야겠다는 생각에 발걸음을 재촉했는데 문득 교회에 가서 하나님께 기도를 드려야겠다는 마음이 간절해졌다. 나는 발걸음을 돌려 가까운 교회로 향했다. 그만큼 나는 하나님의 임재와 위로하심이 절실했다.

예배당에 들어가 십자가를 보자 순간 눈물이 왈칵 쏟아졌다.

"하나님, 너무 힘들어요. 이러다간 지쳐서 쓰러져 버릴 것 같아요. 제게 새 힘을 주세요."

주변 사람들은 내가 하나님의 축복으로 탄탄대로를 달리고 있다고 생각할지 모르지만, 당시 나는 영적으로 너무도 메말라 있었다. 하나님의 임재가 그리웠고 그분의 위로하심이 절실했다. 나는 그렇게 예배당에 앉아 그간 쌓아 온 마음의 고통들을 하나님 앞에 털어 놓았다. 그러자 하나님의 따사로운 손길이 마치 나를 감싸 안는 것만 같았다. 나는 여전히 눈물을 흘리며 기도하고 있었지만 내 마음에는 알 수 없는 평안이 임하는 것을 느낄 수 있었다.

그렇게 예배당에서 한참을 울고 난 후 집으로 돌아오는 길에 '영성과 전문성을 동시에 겸비하는 것이 이렇게 힘든 일인가' 하는 생각이 들었다. 교회에 가서 찬양을 하고 예배를 드리면 하나님의 한없는 사랑과 은혜를 누릴 수 있지만, 교회 밖으로만 나오면 왠지 딴 세상에 있는 것 같은 느낌에 쓸쓸했다.

사실 일이 너무 많아서 힘든 것은 그나마 괜찮았다. 조금 피곤해서 그렇지 휴식을 취하면 곧 회복될 일이었다. 하지만 직장의 일 이면에 있는 영적인 문제는 휴식으로 회복될 일이 아니었다. 업무가 많다는 것은 일을 지극히 영리 목적으로 하며 회사를 이끄는 사람들의 욕심에서 비롯된 것이고, 그 욕심의 더 깊은 뿌리를 살펴보면 결국 영적인 문제로 귀결된다는 것을 알았다. 바로 이 점에서 나는 일을 하면서도 고민에 빠진 적이 많았다.

주변에 열심히 일을 하는 사람들을 자세히 살펴보면 직장을 우상처럼 여기고 일중독에 빠진 것을 가끔 볼 수 있다. 이들은 오로지 승진과 명예가 인생 최대의 행복이라 여기며 회사에 충성을 다하고 자신의 업무에 목숨을 건다. 이로 인해 주변 사람들에게 더욱 열심히 일을 하라고 강요하는 경우도 있다. 이들과 나는 가치관 차이 때문인지 겉으론 아무 문제없이 보일지는 몰라도 영적인 충돌은 불가피했다.

단합을 위한다며 술을 권하고 회사의 번영을 위한다며 고사를 지내는 사회 문화. 그런 사회 속에서 자신의 영리 목적을 위해 아첨과 거짓말을 일삼고 경쟁의식 속에 남을 헐뜯는 일을 비일비재하게 볼 수 있었다. 솔직히 이러한 일들을 겪을 때마다 이곳이 과연 하나님께서 나를 인도한 곳이 맞나 의심이 되기도 했다. 이런 분위기에서 도무지 하나님의 빛을 발견할 수 없던 나는 가슴이 답답할 수밖에 없었다.

직장 내의 영적인 문제는 오랜 시간 그리스도인들이 부딪혀 온 큰 어려움 중 하나다. 이것을 지혜롭게 이긴다는 것은 과연 어떤 의미일까? 그냥 참는 것도 아닐 것이고, 그렇다고 회사를 그만두는 것도 아닐 것이다. 문제를 해결하지 않은 채 피하기만 한다면 하나님의 영광을 가리는 일일 것이기 때문이다.

가장 중요한 것은 하나님의 음성에 순종하여 주변 환경을 이기는 것임을 하나님께서는 내게 깨닫게 하셨다. 이것은 돌파해야 할 문제인 것이다. 그리고 그 힘은 거룩함에서 나온다는 것 또한 깨달았다. 세상 문화에 휩쓸려 거룩하지 못할 때 우리는 더 이상 세상의 빛과 소금이 아니다. 거룩함으로 세상의 문화를 이길 때 우리는 한층 더 성숙해진 그리스도의 자녀로 세워질 것이다.

너희는 세상의 소금이니 소금이 만일 그 맛을 잃으면

무엇으로 짜게 하리요 후에는 아무 쓸 데 없어 다만 밖
에 버려져 사람에게 밟힐 뿐이니라 (마 5:13)

그리스도인들이 먼저 성령 충만한 영성으로 바로서야 한
다. 사회적인 도약은 하나님께서 이루신다. 우리가 할 일은 오
로지 하나님을 신뢰하고 우리에게 맡기신 일을 충성되게 행
하는 것이며, 주님께서 허락하신 축복만을 누리는 것이다. 더
나아가 하나님의 권능을 힘입어 우리가 일하는 영역에서 전
문가가 되어야 한다. 내 안에 쌓인 영성과 전문성으로 사회 문
화가 나를 따라오도록 만드는 것. 그렇게 자신의 일에 최선을
다할 때 세상 그 누구도 함부로 할 수 없는 영향력을 가지게
되는 것이다.

나 역시 영성과 전문성을 겸비한 리더로 세워지기 위한 한
과정에 있다고 믿는다. 내 분야에서 당당히 복음을 외치기 위
해, 영성은 물론 전문성 또한 놓치지 않기 위해 틈나는 대로
기도하며 하나님의 인도하심을 구했다.

여호수아 세대여,
7대 영역을 정복하라

내가 너를 이방의 빛으로 삼아 너로 땅 끝까지 구원하

게 하리라 (행 13:47)

어느날 사역을 하면서 알게 된 목사님과 대화를 나눌 기회
가 있었다. 목사님은 요즘 젊은이들의 신앙생활을 보며 한 가
지 안타까운 점이 있다고 말씀하셨다.

"우리 교회 청년들은 하나님의 임재를 경험하고서 자꾸 교회에만 머물기를 원해서 걱정이에요. 이들이야말로 세상에 나가 자기 분야에서 리더가 되어야 할 인물들인데 말입니다."

목사님의 말씀을 들으면서 예전의 내 모습이 떠올랐다. 교회 안에 있으면 왠지 모르게 마음이 편해지고 안도감이 들던 때가 있었다. 그때는 강퍅한 세상에 나가 시험을 당하는 것보다 교회 안에서 나 자신의 안위를 지키며 안전하게 살고 싶었다. 용기와 도전정신으로 세상을 헤쳐 나갈 생각보단 최대한 세상을 등지고 교회에 머물길 원했었다. 그러나 만일 내가 지금껏 안전한 길만을 택해 살았다면 하나님께서는 과연 나를 어떻게 생각하실까? 언젠가 하나님과 마주하게 되는 날이 오면 하나님으로부터 "수고했다. 나의 충성된 종아!"라는 말을 들을 수 있을까?

하나님은 내 신앙의 멘토이자 삶의 조언자인 어머니를 통해 한 가지 비밀을 알려주셨다. 그것은 바로 한국 사회가 이제 모세의 시대를 지나 여호수아 시대에 돌입하고 있다는 것이다. 모세와 여호수아는 출애굽한 이스라엘 백성의 지도자로서 하나님께 귀하게 쓰임 받았다. 하지만 그들이 살던 시대는 확연히 다른 형태와 의미를 갖고 있다. 모세의 시대가 죄의 사슬에서 벗어나 오직 하나님만이 왕이심을 깨닫고 철저히 훈련받는 시대였다면, 여호수아의 시대는 훈련을 끝내고 하나님이 약속한 땅으로 들어가 주님의 나라를 세우는 시대였던 것이다.

지금의 우리 세대는 하나님께서 메추라기를 내려주시는 역사를 보고 훈련받아야 하는 광야의 시대가 아니다. 우리는 애굽을 나와 요단 강을 건너 가나안 성벽을 마주한 시대에 살고 있다. 철옹같이 단단하고 견고한 여리고 성을 무너뜨려야 할 시점. 드디어 하나님의 사람들이 일어나 이 땅을 정복하고 다스리는 때가 도래한 것이다.

우리는 더이상 세상 사람들에게 하나님을 믿는 것을 숨길 필요도, 예수 그리스도를 구세주라 시인하는 것을 부끄러워할 필요도 없다. 죄의 소용돌이 속에서 허우적거리던 지난 모습을 벗어 던지고 우리는 하나님의 영광과 복음을 위해 영적으로 또 사회적으로 도약해야 한다.

살아 계신 하나님이 너희 가운데에 계시사 가나안 족속과 헷 족속과 히위 족속과 브리스 족속과 기르가스 족

속과 아모리 족속과 여부스 족속을 너희 앞에서 반드시
쫓아내실 줄을 이것으로서 너희가 알리라 (수 3:10)

여호수아는 가나안을 살피고 돌아와 "그들은 우리의 밥이
다!"라고 선포했다. 요단 강을 건너기 전 하나님께서는 그에
게 하나님의 권능으로 가나안의 일곱 족속을 완전히 몰아내
어 하나님이 온 땅의 주인임을 알게 하라고 명하셨다. 여호수
아가 가나안의 일곱 족속을 정복할 것이란 사실은 하나님의
분명한 약속이자 축복이었다. 그러나 모세가 죽고 이스라엘
백성의 지도자가 된 여호수아는 가나안에 들어가기에 앞서
커다란 두려움에 사로잡혔다. 그런 여호수아에게 하나님은 말
씀하셨다.

내가 네게 명령한 것이 아니냐 강하고 담대하라 두려워
하지 말며 놀라지 말라 네가 어디로 가든지 네 하나님
여호와가 너와 함께 하느니라 하시니라 (수 1:9)

여호수아는 하나님의 전능하심을 온전히 신뢰했고 끝내
가나안 땅을 정복하는 역사를 체험했다.

원래 가나안은 하나님께서 아브라함과 이삭, 야곱의 후손에게 주려고 예비해 놓으신 땅이었다. 하지만 인간의 죄로 말미암아 사탄이 가나안을 빼앗았고, 그 안에 있던 일곱 족속들을 온갖 세상 것들로 더럽혀 놓았다.

이 민족들이 악함으로 말미암아 네 하나님 여호와께서 그들을 네 앞에서 쫓아내심이라 여호와께서 이같이 하심은 네 조상 아브라함과 이삭과 야곱에게 하신 맹세를 이루려 하심이니라 (신 9:5)

하나님께서 가나안의 일곱 족속을 몰아내시려던 이유는 단 하나, 바로 그들의 악함 때문이었다. 가나안은 지금 우리가 살고 있는 바로 이 땅이다. 하나님의 임재와 권능은 찾아볼 수 없고 지식, 돈, 명예가 권력의 중심이 되어 음란과 방탕함으로 덮혀버린 이 땅이 바로 가나안인 것이다.

가나안의 일곱 족속은 오늘날 우리 사회를 구성하고 있는 정치, 경제, 미디어, 교육, 예술, 교회 그리고 가정이라는 7대 영역과도 비교할 수 있다. 가만히 살펴보면 이 7대 영역에는 우리가 생각하는 것보다 훨씬 많은 하나님의 사람들이 포

진되어 있음에도 불구하고 이 영역들 가운데 하나님의 임재와 공의가 제대로 흘러가지 못하고 있는 것을 볼 수 있다. 둘로 갈라진 정치, 불안한 경제, 음란하고 폭력적으로 변해 버린 미디어, 인본주의 사상을 가르치는 교육, 세상의 영으로 가득 찬 예술, 세상과 타협해 가는 교회, 그리고 하나님의 가치관이 사라진 가정. 이 모든 문제들의 근본적인 원인은 우리의 죄 때문이며 사탄이 각 영역의 중심에서 가나안에서처럼 주인노릇을 하고 있기 때문이다.

이 모든 상황 속에서 결코 부정할 수 없는 것은 살아계신 하나님의 권능이다. 하나님의 자녀인 우리의 사명은 각 영역에서 리더가 되어 하나님의 권능으로 말미암아 이 시대를 변화시키는 것이다. 이를 위해 우리는 가장 먼저 거룩함으로 자신을 가꾸어야 한다. 하나님께서는 이스라엘 백성이 가나안을 정복하기에 앞서 먼저 성결하라고 명하셨다.

> 여호수아가 또 백성에게 이르되 너희는 자신을 성결하게 하라 여호와께서 내일 너희 가운데에 기이한 일들을 행하시리라 (수 3:5)

하나님께서 이스라엘 백성에게 명하신 성결은 '거룩해지라'는 의미이다. 세상 문화와 법에 따라 사는 가나안 족속으로부터 구별되라는 것이다. 모세에게 "네가 선 곳은 거룩한 땅이니 네 발에서 신을 벗으라"라고 말씀하신 하나님. 하나님은 여호수아에게도 동일하게 거룩할 것을 명하셨다. 이것은 하나님께서 여호수아에게 큰 역사를 베푸시기 위함이요 그분의 권능으로 힘입히기 위해서다.

빛과 어둠이 공존할 수 없듯이 우리가 죄 가운데 있다면 하나님께서는 우리를 통해 역사하실 수 없다. 빛이 비추면 어두움은 물러가게 되어 있다. 그렇기에 거룩함은 하나님의 기적과 능력을 경험하게 하는 큰 축복의 열쇠인 것이다.

제사장들이 나팔을 불 때에 여호수아가 백성에게 이르되 외치라 여호와께서 너희에게 이 성을 주셨느니라
(수 6:16)

거룩함을 이루고 나면 하나님은 우리에게 순종을 요구하신다. 이스라엘이 전쟁 중에 있을 때, 하나님은 이스라엘 백성에게 성벽을 하루에 한 바퀴씩 여섯 날을 돌고 마지막 일곱째

되는 날에는 성을 일곱 번 돌고 함성을 지르라고 명하셨다. 인간의 생각으로 결코 이해할 수 없는 하나님의 말씀에 순종한 이스라엘 백성은 단 한 명의 목숨도 잃지 않고 전쟁에서 승리하는 기적을 누렸다.

하나님의 권능이 있다면 세상에 불가능한 것은 없다. 이를 얻기 위해 우리는 하나님께 순종하며 그분의 뜻을 찾아야 한다. 그러나 안타깝게도 우리는 기도를 할 때 대부분 자신의 뜻을 미리 정하고 그것을 하나님께서 들어 주시기를 바란다. 하지만 하나님은 우리가 매순간 하나님께 여쭙고 의지하기를 원하신다. 이는 하나님께서 그분의 권능으로 우리를 보호하고 지키시기 위함이다.

그렇다면 거룩함을 이루고 순종하기 위해서 우리는 과연 무엇을 해야 하는가? 그것은 바로 우리의 중심에 예수님의 영을 초청하는 것에서부터 시작된다.

그의 위에 여호와의 영 곧 지혜와 총명의 영이요 모략과 재능의 영이요 지식과 여호와를 경외하는 영이 강림하시리니 (사 11:2)

어머니는 내가 어렸을 때부터 나를 위해 늘 이사야 11장 2절 말씀을 붙들고 기도하셨다. 하나님께서 그분의 아들이신 예수님께 부으셨던 영을 어머니는 기도로 나에게 선포해 오신 것이다. 어머니는 예수님의 영으로 말미암아 내가 내 영역에서 리더가 되어 세상을 변화시키고 열방에 복음을 전하길 바라셨다.

어머니의 기도가 응답되었는지는 몰라도 하나님은 어릴 적부터 내가 원했던 일들을 하지 못하도록 수차례 막으셨다. 그 당시엔 그런 하나님을 원망했지만 이제 돌이켜보면 그것이 바로 하나님의 은혜였다는 것을 알 수 있다. 하나님을 인격적으로 만난 후 지금까지 해왔던 나의 인간적인 판단과 결정들이 잘못되었다는 것을 깨달았기 때문이다. 한없이 흠이 많은 내게도 하나님은 예수님의 영을 불어넣어 주셨다고 믿는다. 그리고 나를 정금같이 훈련시키셔서 복음 사역을 위해 오늘날도 사용하고 계시다는 것을 믿는다.

하나님의 권능으로 힘입기 위해 우리는 반드시 예수님의 영을 받아야 한다. 예수님께 임했던 영이 임할 때 우리는 하나님의 권능으로 말미암아 각자의 영역에서 리더가 될 수 있고 변화된 세대를 이끌 수 있다. 바로 그때야 비로소 우리는 여호수아와 같이 이 세상을 하나님의 진리 가운데 바로 세울 수 있다.

우리는 지금 영적 전쟁의 중심에 살고 있지만 하나님께서는 계시록을 통해 이미 그 결과를 말씀해 주셨다.

일곱째 천사가 나팔을 불매 하늘에 큰 음성들이 나서 이르되 세상 나라가 우리 주와 그의 그리스도의 나라가 되어 그가 세세토록 왕 노릇 하시리로다 하니 (계11:15)

하나님의 말씀처럼 우리 사회의 7대 영역은 반드시 하나님의 자녀들을 통해 정복될 것이며 하나님의 영광으로 덧입힐 것이다. 주의 나라가 이 땅에 임하기 위하여 우리는 거룩과 순종으로 세상을 변화시켜야 한다.

무릇 하나님께로부터 난 자마다 세상을 이기느니라. 세상을 이기는 승리는 이것이니 우리의 믿음이니라 예수께서 하나님의 아들이심을 믿는 자가 아니면 세상을 이기는 자가 누구냐 (요일 5:4-5)

청소년과 청년들에게 여호수아의 7대 영역에서
리더가 되어야 한다는 사명을 일깨워 주고 있다.
"주의 권능의 날에 주의 백성이 거룩한 옷을 입고 즐거이 헌신하니
새벽 이슬 같은 주의 청년들이 주께 나오는도다"(시 110:3)

하나님께서 우리를 통해 이 세상의 모든 악함을 누르시고 승리하실 것을 기대하라. 하나님께선 지금 이 순간에도 우리에게 말씀하고 계신다.

"강하고 담대하라. 내가 너와 함께하리라."

여호수아 세대의
사명

내가 복음을 부끄러워하지 아니하노니 이 복음은 모
든 믿는 자에게 구원을 주시는 하나님의 능력이 됨이라
(롬1:16)

청소년 코스타 집회에 참석하기 위해 어느 이슬람 국가로
갔을 때의 일이다. 강의 시작 전 한 현지 선교사님께서 내게

당부의 말씀을 전하셨다.

"형제님, 인간의 지식은 성경을 앞설 수 없고 인간의 경험은 결코 성령을 앞설 수 없습니다. 청소년들에게 절대 세상의 지식을 전달해서는 안 됩니다. 부디 이 아이들에게 하나님의 권능과 은혜만을 전해 주시길 부탁드립니다."

"네, 잘 알겠습니다. 그런데 제게 이런 말씀을 하시는 특별한 이유가 있으신가요?"

"이 나라는 마약, 섹스, 폭력의 위험이 도사리고 있습니다. 더욱이 이곳에는 가정과 학교에서 알게 모르게 상처받은 아이들이 많이 있습니다. 그래서 아이들이 의지할 것은 오직 하나님 한 분뿐이라는 것을 알았으면 좋겠다는 마음에서 말씀드린 것입니다."

잠깐의 대화였지만 아이들을 사랑하는 선교사님의 진심이 느껴졌다. 나는 강단에 올라가 선교사님의 말씀을 되새기며 오로지 하나님의 권능과 은혜만을 전했다. 강의를 마친 뒤 나는 회개를 외치며 아이들과 함께 통성으로 하나님께 부르짖었다. 나는 그곳에 임한 성령님의 강한 임재를 체험할 수 있었다. 성령님은 아이들의 마음을 강하게 어루만져 주셨고 아이들은 자신의 죄를 회개하고 울면서 기도했다. 순간 "상처받은

나의 아이들에게 손을 얹고 기도해 주어라"라는 성령의 음성
이 들렸다.

나는 그 즉시 강단에서 내려와 자리에 앉아 있는 수백여
명의 아이들에게 한 명씩 한 명씩 손을 얹고 간절히 기도하기
시작했다. 놀랍게도 마치 성령의 불이 전이되듯 내가 손을 얹
고 기도했던 상당수의 아이들 가운데 방언이 터지는 역사를
체험했다. 나는 그렇게 그곳의 아이들을 사랑으로 품고 울며
기도해 주었다.

집회를 마치고 일본으로 돌아가기 위해 공항으로 가는 버
스에 몸을 실었다. 버스가 출발하고 잠시 후 나는 창 밖으로
놀라운 광경을 보게 되었다. 창 너머로 거대한 이슬람 사원을
수만 명의 이슬람 신도들이 둘러싸고 있었던 것이다. 지난 나
흘 동안 대부분의 시간을 코스타 집회 장소에서만 머물렀기
때문에 이곳이 이슬람 국가라는 사실이 크게 와 닿지 않았었
다. 그런데 이렇게 눈으로 직접 거대한 이슬람 사원과 신도들
을 보니 내가 그동안 이슬람 국가에서 나흘 동안 사역을 했다
는 사실을 실감하게 되었다. 그리고 잠시 후 불길한 생각이 내
몸을 휘감았다. 직감적으로 엄청난 영적 공격이 나에게 다가

오고 있다는 것을 느꼈다.

아니나 다를까, 일본으로 가는 비행기에 탑승하자마자 몸살 기운이 돌더니 이내 몸이 사르르 떨리기 시작했다. 순식간에 온 몸에 식은땀이 나더니 잠시 후 체온이 급격하게 떨어져 얼음처럼 굳어 가는 것 같았다. 때마침 지나가는 승무원에게 부탁했다.

"저, 저기… 담요 좀 몇 개 갖다 주세요. 그리고 따뜻한 물한 잔도…."

입술마저 파르르 떨리는 바람에 말도 제대로 나오지 않았다. 승무원이 가져다준 담요 몇 장을 덮고 잠을 자려고 눈을 감았는데 갑자기 속이 울렁거리기 시작했다. 당장이라도 구토를 할 것 같은 느낌이 들어 자리에서 일어났는데 몸을 가누기가 힘들었다. 주변을 붙잡고도 휘청거리면서 겨우 화장실에 도착했다. 식사 때도 한참 지났고 특별히 잘못될 만한 음식을 먹은 적도 없었기 때문에 계속 신물만 올라왔다. 겨우 자리로 돌아온 나는 의자에 털썩 주저앉아 몸을 파묻었다.

그런 일을 겪고 일본으로 돌아온 나는 그 이후로도 한 달간이나 몸이 낫지 않아 고생을 했다. 계속해서 온 몸이 붓고

쑤시며 끊임없이 기침이 나왔다. 아무리 약을 먹고 교회에서 기도를 해보아도 크게 호전되지는 않았다. 매일매일 직장에서 일을 해야 했던 당시 나의 고통은 이루 말할 수 없었다. 때론 몸이 너무도 아파 나도 모르게 눈물이 날 때도 있었다.

그날도 어김없이 겨우 일을 마치고 늦은 시간이 되어서야 집에 돌아왔다. 현관문을 들어서자마자 나는 바닥에 털썩 주저앉아 버렸고 하나님을 애타게 찾기 시작했다.

"하나님, 몸이 너무 아파요. 제발 저를 낫게 해 주세요."

힘없이 바닥에 엎드려 있는데 순간 예전에 읽었던 성경구절 하나가 머릿속에 뇌리 스쳤다.

너희가 내 괴로움에 함께 참여하였으니 잘하였도다

(빌 4:14)

나는 깊은 생각에 빠질 수밖에 없었다. 그렇게 몇 분이 흘렀을까? 잠시 후 나를 위로하시는 하나님의 사랑이 느껴지는 것 같았다. 하나님께서 마치 내게 '상처받은 나의 아이들을 품고 기도해 주어 고맙구나'라고 속삭이시는 것 같았다. 질끈 감은 두 눈 사이로 뜨거운 눈물이 흘러나왔다. 비록 내 육신은 아플지라도 나를 통해 상처받은 아이들을 위로하신 하나님의 사랑과 은혜를 생각하니 그저 내 입에선 감사밖에 나오지 않았다. 나는 땅바닥에 주저앉은 채 목 놓아 울고 또 울었다.

예수님은 우리를 죄로부터 구원해 주시기 위해 우리 죄를 대신 짊어지고 십자가에 못 박혀 돌아가셨다. 우리는 그분의 희생으로 말미암아 지금껏 우리를 옭아매고 있던 죄의 사슬을 벗고 구원이라는 선물을 받게 되었다. 그로부터 2천 년을 훌쩍 넘는 시간이 흘렀다. 시간의 흐름에 따라 우리가 살고 있는 시대와 환경은 많이 변했다. 그러나 복음의 본질만큼은 예나 지금이나 결코 달라지지 않았다. 우리 그리스도인이 이 땅에 사는 이유, 그것은 바로 하나님께 영광을 올려드리는 것과 함께 하나님의 뜻이 이 땅에서 이루어지도록 하는 사명을 감당하기 위해서다.

예루살렘과 온 유대와 사마리아와 땅 끝까지 이르러 내 증인이 되리라 하시니 (행 1:8)

예수님은 하늘로 승천하시기 전 제자들에게 마지막으로

'복음 전파'를 당부하셨다. 그렇기 때문에 우리에게 복음 전파란 선택의 문제가 아닌 사명인 것이다. 하나님은 언제나 그분의 뜻을 이루기 위해 함께할 일꾼을 찾고 계신다. 명목상의 크리스천이 아닌 참 그리스도인을 찾고 계시는 것이다. 주님은 우리를 통해 역사하기 원하신다. 그러므로 우리가 복음을 위해 뜻을 정하고 기도로 나아간다면 하나님께서는 분명 우리를 그분의 뜻 가운데로 이끌어 주실 것이다.

복음 때문에 돌에 맞아 죽어 가던 스데반과 그가 죽어 마땅하다고 여겼던 사울. 하나님은 그런 사울에게도 큰 계획을 가지고 계셨다. 그를 복음 사역자로 세우시려고 뜻을 정하신 것이다. 예수님을 믿던 사람들을 핍박했던 사울이 어떻게 변화받을 수 있었을까? 그것은 다메섹에서 삶의 진정한 이유가 되시는 예수님을 만났기 때문이다. 예수님을 만난 후 사울은 세상의 어떤 명예와 지식도 결코 복음의 진리와 바꿀 수 없고 구원을 대신할 수도 없다는 걸 깨달았다.

사도 바울은 자신의 사명을 깨닫고는 그것을 지식으로만 알지 않고 곧바로 실행에 옮기며 복음 전파를 위해 그의 한 평생을 바쳤다. 그는 지극히 종교주의적이던 자신의 옛 모습을 버리고 복음의 주체이신 예수님을 그의 변화된 삶을 통해 증거하였다.

예수님의 수제자이자 진정으로 예수님을 사랑한 베드로 또한 사도 바울과 마찬가지로 자신의 삶을 헌신하여 복음 사역에 힘썼다.

요한의 아들 시몬아 네가 이 사람들보다 나를 더 사랑하느냐 하시니 이르되 주님 그러하나이다 내가 주님을 사랑하는 줄 주님께서 아시나이다 (요 21:15)

예수님이 가룟 유다의 배반으로 심판을 받으러 끌려가시던 날, 베드로는 몰래 예수님을 따라가다가 자신을 예수님과 한 무리라고 추궁하던 한 여종에게 호언장담하며 예수님을 부인했다.

베드로가 맹세하고 또 부인하여 이르되 나는 그 사람을 알지 못하노라 하더라 (마 26:72)

예수님의 참된 사랑을 받았던 수제자 베드로가 어떻게 순식간에 예수님을 부인할 수 있었을까? 베드로는 닭이 울고 나서야 예수님을 부인한 자신의 잘못을 깨달았다. 그 순간 베드로가 느낀 슬픔과 자신에 대한 실망감은 얼마나 컸을까? 아마 베드로는 지난 3년간 예수님이 사랑해 주셨던 일을 기억하며 밤이 새도록 통곡했을 것이다.

예수님이 십자가에서 돌아가신 후, 베드로는 평범한 어부의 생활로 돌아갔어도 늘 자신의 옆에 함께 계셨던 예수님을 두고두고 그리워했을 것이다. 그리고 얼마 지나지 않아 예수님은 약속대로 부활하신 후 베드로 앞에 나타나셨다.

> 예수께서 사랑하시는 그 제자가 베드로에게 이르되 주님이시라 하니 시몬 베드로가 벗고 있다가 주님이라 하는 말을 듣고 겉옷을 두른 후에 바다로 뛰어 내리더라
>
> (요 21:7)

베드로는 "주님이시라" 한 제자의 말에 예수님을 만나러 깊은 물속으로 뛰어 들었다. 베드로는 무엇보다 주님을 다시 만나길 고대하고 있었다. 하지만 예수님에게 헤엄쳐 가면서 많은 생각들이 베드로의 머릿속에서 스쳐 지나갔을 것이다.

그런 베드로를 다시 만나신 주님께서는 "요한의 아들 시몬아 네가 이 사람들보다 나를 더 사랑하느냐"라고 물으셨다. 예수 님의 그 따뜻한 말씀을 듣는 순간 베드로는 마음속 깊이 결심 했을 것이다. 예수님을 세 번씩이나 부인하고 죽어야 마땅한 자신을 한없이 사랑하신 예수님을 위해 기꺼이 목숨을 바치 겠다고.

그 후 베드로는 순교하는 그날까지 복음을 위해 자신의 삶 을 헌신했다. 결국 베드로는 자신의 죽음을 당연하게 여기며 예수님에 대한 사랑과 애정을 순교로 보답했다. 어쩌면 그는 자신이 지었던 죄의 대가를 치른다는 마음으로 순교를 영광 스럽게 맞이했을지도 모른다.

죄인인 우리를 구원하신 예수님의 사랑에 보답하는 길은 예수님이 걸어가신 그 길을 따라가는 것이다. 천하보다 귀한 한 영혼이 구원받을 때 하나님은 더없이 기뻐하시고 우리를 통해 영광받으신다. 예수님을 주라 시인하는 것이 복음 증거 의 시작임을 우리는 명심해야 한다. 지금 이 순간 복음 증거를 위해 내가 할 수 있는 일이 무엇일지 하나님께 기도로 여쭈어 보자. 과연 우리는 지금 "주님이시라"는 말을 듣고 깊은 물속 으로 뛰어들 준비가 되어 있는가?

여호수아 세대를 덮는
최고의 사랑

네 마음을 다하며 목숨을 다하며 힘을 다하며 뜻을 다
하여 주 너의 하나님을 사랑하고 또한 네 이웃을 네 자
신 같이 사랑하라 하였나이다 (눅 10:27)

여호수아 세대의 사명은 열방 가운데 복음을 전하는 일이
다. 이 사명은 우리의 목숨보다 귀하며 우리가 이 땅에 사는

근본적인 이유다. 그러나 그 사명보다 더욱 중요한 것은 바로 '사랑'이다. 하나님을 목숨을 다해 사랑하고, 내 이웃을 내 몸과 같이 사랑하는 것이 그 어떤 계명보다 중요하다. 영혼을 사랑하는 마음이 있어야 복음을 전할 수 있기 때문이다. 만약 복음의 사명은 넘쳐나지만 그 안에 사랑이 없다면 어떻게 될까? 그 사명의 목적은 상실될 수밖에 없다. 우리가 복음을 전하는 목적은 예수님을 증거하기 위함이다. 사랑의 주체인 예수님을 잃고 복음을 전한들 무슨 유익이 있을까.

너희가 너희를 사랑하는 자를 사랑하면 무슨 상이 있으리요 세리도 이같이 아니하느냐 (마 5:46)

하나님을 인격적으로 만나고 나서부터 내가 가장 힘들었던 것은 사랑할 수 없는 사람을 사랑하는 일이었다. 예수님은 원수도 사랑하라고 말씀하셨지만 인간의 힘으로는 사랑할 수 없는 사람을 어떻게 사랑할 수 있는지, 그것이 실제로 가능한 것인지 항상 의문이 들었다.

신입사원 시절, 같은 부서에 사타케 상이라는 유난히 신경

질적이던 상사가 한 명 있었다. 감정 기복이 무척 심했던 그는 사사건건 내 일에 참견하고 사소한 실수에도 나를 심하게 다그치곤 했다. 하루는 지하철이 연착되어 출근 시간보다 10분 정도 늦게 도착한 적이 있었다. 반면 나보다 일찍 출근해서 자리에 앉아 있던 사타케 상은 마치 기다렸다는 듯이 내게 쏘아붙였다.

"현영 씨, 출근 시간이 9시란 것도 몰라? 왜 출근 시간을 엄수하지 않지?"

"죄송합니다. 지하철이 연착되어 그만⋯."

"그럼 지하철 역무원의 확인증은 끊어 왔어?"

"그런 것이 있는지 몰랐습니다. 죄송합니다."

"도대체 무슨 생각으로 회사를 다니는 거야?"

"⋯⋯."

나는 더 이상 대답할 수가 없었다. 말을 하면 할수록 꼬리를 잡고 늘어질 것이 분명했기 때문이다. 주일에 교회에서 받았던 은혜가 월요일 아침부터 한 순간에 날아가 버리는 것 같았다. 하지만 나는 그것이 일본의 기업 문화에 적응하기 위한 한 과정이라 여기며 매번 참고 넘어갔다. '시간이 흐르고 내가 업무에 익숙해지면 더 이상 안 그러시겠지?'라고 생각하며 스스로를 위로했다. 그러나 반대로 시간이 지날수록 그의 까칠한 행동은 점점 심해졌다. 그로 인해 나는 큰 스트레스를 받을 수밖에 없었다. 때때로 참기 힘든 분노로 마음속이 요동쳤다. 그러한 일이 직장생활에서 반복되자 언제부턴가 나도 모르게 마음속으로 그를 정죄하기 시작했다.

'도대체 왜 그러는 거지? 회사에 불만이 있는 건가? 저러니까 사람들이 친해지기 싫어하는 거야.'

그를 정죄하는 게 잘못임을 알면서도 이러한 생각을 멈출 수 없었다. 한편으로는 이렇게 해서라도 내 안에 가득 쌓인 스트레스를 풀고 싶었다. 하지만 스트레스로부터 빠져나올 길은 도무지 보이지 않았다. 그래서 나는 마음속으로 하나님께 외쳤다.

'내 이웃을 내 몸처럼 사랑하라고 말씀하신 주님, 제 힘으로는 도저히 이 사람을 사랑할 수 없습니다. 저는 할 수 없어요….'

그러나 하나님은 내가 사타케 상을 사랑하라는 마음만 주실 뿐 이 문제를 해결할 수 있는 어떠한 방법도 말씀하지 않으셨다. 마치 내 마음 가운데 커다란 짐 하나가 생겨버린 것 같았다. 나 혼자서는 이 일을 감당하기 힘들 것만 같았다. 문득 예전부터 나의 고민을 잘 들어주시던 교회 전도사님이 생각났다. 왠지 그분이라면 하나님의 지혜를 알려 주실 것만 같아 전화를 걸었다.

"죄는 미워하되 사람을 미워해서는 안 됩니다. 혹시 마음 가운데 남을 사랑할 수 없게 만드는 상처가 있는지 생각해 봅시다. 만약 내 안에 상처가 있다면 그것을 먼저 치료해야 할 필요가 있어요."

전도사님의 뜻밖의 말씀에 나는 어리둥절했다. 그러나 곧 '그거다!' 하며 무릎을 쳤다. 내가 미워하는 상대방이 사랑받지 못할 존재가 아니라 내 안에 있는 쓴 뿌리가 그를 사랑하지 못하게 만든다는 전도사님의 말뜻을 이해할 수 있을 것 같았다. 그런 상처는 나로 하여금 남의 좋은 점보다는 흠을 먼저보게 만든다는 사실도 깨달았다.

어릴 적 공부에 흥미도 없고 잘하지도 못하던 시절, 나는 심한 열등감에 빠져 살 때가 있었다. 공부를 못한다는 이유로 무시를 당하기도 했고 혼나기도 많이 혼났다. 그렇게 남에게 인정받지 못한다는 사실은 나를 한없이 짓눌렀다. 그것은 곧 심한 콤플렉스가 되어 나의 마음을 강퍅하게 만들었다. 그로 인해 나는 마음에 내키지 않은 사람을 보면 마음속으로 그를 정죄하고 험담을 하는 나쁜 습관을 갖게 되었다. 이런 나의 모난 성격을 잘 알고 계셨던 전도사님이 말씀하셨다.

"하나님은 그분의 형상대로 사람을 창조하셨어요. 그렇기 때문에 이 세상 어느 누구도 존귀하지 않은 사람은 없습니다. 사람을 정죄하거나 무시하는 것은 곧 살아계신 하나님을 적대하는 행위라는 것을 잊지 마세요."

"그런데 제 마음이 자꾸만 남을 정죄하고 미워해서 이것을 끊어내기가 너무 힘들어요."

"모든 죄의 뿌리는 교만입니다. 남을 미워하는 것도 우리의 교만에서 비롯된 것이랍니다. 우리의 자아가 십자가 앞에 완전히 죽어야 예수님처럼 부활의 삶을 살 수 있고, 그때 하나님의 사랑이 우리의 심장 가운데로부터 흘러나올 수 있는 것입니다."

나는 그제야 비로소 내 안에 해결받지 못한 또 다른 쓴 뿌리 '교만'이 있다는 사실을 알게 되었다. 회개 기도를 통해 없어진 줄로만 알았던 교만이 아직 내 마음 가운데 자리 잡고 있었던 것이다. 그것이 나로 하여금 남의 죄를 보고 판단하는 잘못을 저지르게 만드는 것 같았다. 나는 무슨 일이 있어도 이 교만의 뿌리를 완전히 잘라버려야 한다고 생각했다. 하지만 내가 십자가 앞에서 완전히 죽고 남을 사랑한다는 것은 도대체 무엇을 의미하는 것일까? 전도사님의 말씀을 들으니 이론적으로는 알아도 실천하기에는 너무도 거리가 먼 얘기 같았다. 나는 다시 엎드려 기도했다.

"주님, 제 마음 가운데 남을 사랑하지 못하게 만드는 상처와 교만이 있습니다. 성령의 불로 이 모든 것들을 태워 주시고 다른 사람을 사랑할 수 있는 힘을 주세요."

당시 나는 회사에서 업무를 보는 시간과 집에서 잠을 자는 시간을 제외하고는 언제나 찬양을 듣곤 했다. 찬양을 듣는 순간만큼은 내 마음 가운데 평안이 임했고 나를 괴롭히던 나쁜 생각들이 사라져 버리는 것만 같았다.

바다 같은 주의 사랑 내 맘 속에 넘치네
생명의 주 우릴 위해 보혈 흘려 주셨네

영원하신 주의 사랑 어찌 우리 잊으리
생명 주신 주님만을 영원히 찬양하리

주 못 박힌 언덕 위에 생명의 문 열렸네
깊고 넓은 은혜의 샘 강과 같이 흐르고

하나님의 자비하심 이 땅 위에 넘치네
평강의 왕 주님 예수 세상 죄 구속했네

하루는 찬양을 듣고 있는데 〈바다 같은 주의 사랑〉이라는 찬양이 내 마음을 관통했다. 찬양을 반복하여 들으니 예수님이 나를 위해 쏟으신 그 사랑이 느껴지는 것만 같았다. 순간 내 머릿속에 이런 생각이 스쳐 지나갔다.

'예수님은 나같이 흉악한 죄인도 먼저 사랑해 주시고 모든 죄를 덮어 주셨는데, 이 세상에 내가 사랑할 수 없는 사람이 과연 어디 있을까?'

나를 향한 바다 같은 주님의 사랑을 묵상하니 내 마음 가운데 회개가 솟구쳐 올라왔다. 예수님은 십자가에서 피 흘려 죽기까지 나를 사랑해 주셨는데 나는 사람을 가려가며 내 마음에 드는 사람만 사랑했다는 사실이 가슴 깊이 나를 찔렀다. 나는 예수님이 몸소 보여주신 십자가의 사랑을 가슴 속 깊이 되새기면서 다시 한번 회개했다.

무엇보다도 뜨겁게 서로 사랑할지니 사랑은 허다한 죄

를 덮느니라 (벧전 4:8)

예수님이 친히 실천하신 십자가의 사랑으로 내가 사랑할
수 없는 사람의 허물을 덮어 주고, 그를 내 몸처럼 사랑하는
것이 복음의 시작이 아닐는지. 내 삶으로 사랑을 실천할 때 나
로 인해 예수님의 향기가 퍼져나가고 그로 인해 복음이 전파
되는 것이 무엇보다 중요한 사실임을 마음에 새겼다.

그날 이후, 나는 무슨 일이 있어도 사타케 상을 마음속으
로 정죄하거나 험담하지 않기로 작정했다. 오히려 그를 위해
기도하며 예수님의 보혈이 그의 마음을 덮어 주시기를 바랐
다. 또한 그에게 가까이 다가가기 위해 나는 최선을 다해 노력
했다. 때론 그를 위해 한국에서 가져온 한국 먹을거리를 건네
며 그와 나 사이를 가로막는 벽을 허물기 위해 힘썼다.

그를 살갑게 대하는 내 모습에 감동한 것일까? 사타케 상
의 강퍅했던 마음이 언제부턴가 누그러지기 시작했고 나에게
조금씩 미소 짓는 그를 발견할 수 있었다. 그를 만져 주시는
하나님의 손길이 느껴졌다. 나는 하나님께 감사드리며 그제야

사랑의 위대한 힘을 깨달았다.

이번 일을 겪으며 하나님은 내게 중요한 사실 하나를 깨우쳐 주셨다. 그것은 바로, 참된 그리스도인이란 기도를 많이 하고 성경을 많이 보는 것을 기준으로 구분되는 것이 아니라, 이 땅에서 '하나님의 성품으로 예수님을 닮은 삶을 얼마나 실천했는가?'로 구분된다는 것이다. 물론 그리스도인에게 있어서 기도를 하고 성경을 읽는 것은 더없이 중요한 일이다. 하지만 자신의 육신을 위해서만 기도하고 지식적으로만 성경을 읽는다면 그 사람의 삶은 결코 열매 맺지 못한다는 것을 알게 하셨다.

아름다운 열매를 맺지 아니하는 나무마다 찍혀 불에 던져지느니라 이러므로 그들의 열매로 그들을 알리라

(마 7:19-20)

기도와 성경을 통해 하나님의 뜻을 발견하고 그것을 행함으로써 열매를 맺는 삶. 그것이 하나님께서 참된 그리스도인들에게 바라시는 이 세상의 또 다른 사명이다.

그날에 많은 사람이 나더러 이르되 주여 주여 우리가
주의 이름으로 선지자 노릇 하며 주의 이름으로 귀신을
쫓아 내며 주의 이름으로 많은 권능을 행하지 아니하였
나이까 하리니 그때에 내가 그들에게 밝히 말하되 내가
너희를 도무지 알지 못하니 불법을 행하는 자들아 내게
서 떠나가라 하리라 (마 7:22-23)

대통령을 안다고 해서 누구나 청와대에 들어갈 수 있는 것
이 아니라, 대통령이 우리를 알아야만 우리가 청와대에 들어
갈 수 있다. 천국도 마찬가지다. 구원이란 우리가 하나님을 아
는 것이 아니라 하나님께서 우리를 알고 인정하셔야 하는 것
이다. 만약 우리가 입으로만 주를 시인하고 삶으로 열매 맺지
못한다면 우리 또한 하나님의 심판을 피할 수 없고 주님의 나
라에 들어갈 수 없다.

우리는 지금 마지막 때를 살고 있다. 성경의 예언들이 하
나 둘 현실로 이루어지고 있듯 예수님이 재림하실 때가 가까
워오고 있는 것이다. 나라와 나라가 서로를 대적하며 총을 겨
누고, 산간지방, 해변가 할 것 없이 지진과 쓰나미로 땅이 뒤

집어지며, 땅이 쩍쩍 갈라지는 기근 현상들은 이 땅의 종말을 암시하고 있다.

동시에 우리 사회는 더더욱 강퍅해지고 있다. 타인에 대한 존중이나 배려가 점점 사라지고 있는 사회, 공공장소에서 남이 듣든 말든 큰 소리로 통화를 하거나 길거리에서 아무렇지 않게 침을 뱉고, 교통신호를 위반하는 것이 당연하게 여겨지는 사회가 되어가고 있다.

또한 아이들이나 여성을 대상으로 한 흉흉한 성폭행 사건들, 독거노인이 죽은 지 몇 달이 되었는데도 이웃은 물론 가족조차 모르고, 청소년이 잘못을 저질러도 누구 하나 훈계하지 못하며, 정의롭고 정직하게 사는 것이 오히려 바보라고 여겨지는 이 사회… 이는 분명 사탄이 가나안 족속들을 더럽혔던 것처럼 우리 사회를 점점 혼란에 빠뜨리고 있는 것이다.

마지막 때가 가까워옴에 따라 사탄은 어떻게든 이 땅을 혼란스럽게 만들고 있다. 그럼으로써 한 영혼이라도 더 하나님에게서 멀어져 천국에 거하지 못하도록 수단과 방법을 가리지 않고 있다. 이중 물질만능주의는 사탄이 현대인의 삶 깊숙한 곳에 뿌리박아 놓은 죄다. 언제부턴가 공부와 직장은 우리 삶의 목적이 되어 버렸고, 돈, 학벌, 명예는 오래 전부터 인간의 우상이 되어 버렸다. 돈을 많이 벌고 명예를 얻는 것이 성공한 인생이라고 여기는 세상이 되어버린 것이다.

이와 더불어, 외모지상주의가 팽배해지면서 성형 또한 하나의 문화로 정착해 버리는 기이한 현상이 일어나고 있다. 하나님의 형상대로 지음받은 외모에 감사하기보단 어떻게든 좀 더 예뻐지기 위해 핏대를 세우는 모습들. 이것은 사람의 내면, 곧 중심만을 보시는 하나님의 가치관과 상충되는 일이며 우리의 가치관을 뒤흔드는 사탄의 유혹이란 것을 알아야 한다. 하나님은 외모를 중시하는 사람들에게 다음과 같이 말씀하셨다.

> 그의 용모와 키를 보지 말라 내가 이미 그를 버렸노라
> 내가 보는 것은 사람과 같지 아니하니 사람은 외모를
> 보거니와 나 여호와는 중심을 보느니라 (삼상 16:7)

인본주의는 이 세상을 뒤덮어버린 또 다른 죄다. 이로 인해 인간은 '내 몸의 주인은 나'이며 '모든 것은 인간 중심'이라고 생각하게 되었다. 사랑한다면 굳이 결혼을 하지 않아도 섹스를 즐길 수 있고, 내 인생에 방해가 된다고 생각하면 낙태도

서슴지 않게 되었다. 내가 하고 싶은 것이 자유고 그것을 곧 행복이라 여기며 살게 만드는 인본주의. 이것으로 인해 사람들은 참된 진리를 거부하고 자신들이 듣기 원하는 것만 듣는 우를 범하고 있다. 하지만 참된 자유는 오직 우리 구주되신 예수님만이 주시는 것이다. 예수님을 주인으로 모시는 삶이야말로 참된 행복이요, 천국 시민의 삶이다.

하나님께 속한 자녀는 예수님 한 분이면 충분하다. 세상의 어떤 물질과 쾌락도 예수님이 주시는 평안과 안식을 대신할 수 없기 때문이다. 더욱이 예수님을 믿는 것이 이 땅에서 잘 먹고 잘 살기 위함이 아니란 것을 우리는 알아야 한다. 그것을 위해 예수님이 십자가에서 돌아가신 것도 아니다.

생명으로 인도하는 문은 좁고 길이 협착하여 찾는 자가
적음이라 (마 7:14)

우리는 은밀한 성령의 음성을 듣고 예수님이 걸어가신 그 길을 묵묵히 따라가야 한다. 내 삶을 그분께 온전히 의탁하고 내가 부할 때나 가난할 때나 그분만 바라보는 것, 이것이 바로 영원을 위해 사는 길이다.

마지막 때가 될수록 우리는 하나님의 은혜와 사랑이 절대적으로 필요하다. 우리는 과연 순결한 신부로 예수님이 재림하시는 그날 예수님과 함께 생명의 잔치에 참여할 준비가 되어 있는가. 우리의 육신이 죽고 하늘로 올라가 영광의 주님 앞에 서는 그날, 우리는 과연 하나님께로부터 "수고했다. 나의 충성된 종아!"라는 말을 들을 수 있을까.

많은 사람들이 요구하는 부흥은 회개로부터 시작된다. 회개만이 이 땅을 변화시키고 하나님의 마음을 움직일 수 있다. 마지막 때가 가까워짐에 따라 우리는 깨어 기도하고, 거룩과 순종함으로 하나님 앞에 더욱 가까이 나아가야 한다. 그리고 한 영혼이라도 더 구원을 받을 수 있도록 최선을 다해 복음을 전해야 한다. 우리를 통해 하늘의 뜻이 이루어지고 이 세상이 변화될 수 있기를 진심으로 기도한다.

내 마지막 고백, 오직 주님을 사랑하고 또 사랑합니다.

나는 선한 싸움을 싸우고 나의 달려갈 길을 마치고 믿
음을 지켰으니 이제 후로는 나를 위하여 의의 면류관이
예비되었으므로 주 곧 의로우신 재판장이 그 날에 내게
주실 것이며 내게만 아니라 주의 나타나심을 사모하는
모든 자에게도니라 (딤후 4:7-8)